AUMENTE O DESEMPENHO DO SEU CÉREBRO

MANEIRAS DE EXERCITAR E FORTALECER A MENTE

"Para os espíritos obtusos, a natureza é cinza.
Para os espíritos instruídos, o mundo inteiro
arde e brilha sob uma luz intensa."

Ralph Waldo Emerson (1803-1882)

PENSAMENTO EFICAZ

AUMENTE O DESEMPENHO DO SEU CÉREBRO

MANEIRAS DE EXERCITAR E FORTALECER A MENTE

GARETH MOORE

PUBLIFOLHA

Keep Your Brain Fit foi publicado originalmente no Reino Unido
e na Irlanda em 2009 pela Duncan Baird Publishers Ltd.,
Castle House, 6º andar, 75-76 Wells Street, Londres W1T 3QU

Para minha mãe e meu pai.

COORDENAÇÃO DO PROJETO: PUBLIFOLHA
Editora-assistente: Paula Marconi de Lima
Coordenadora de produção gráfica: Soraia Pauli Scarpa
Produtora gráfica: Mariana Metidieri

PRODUÇÃO EDITORIAL: ESTÚDIO SABIÁ
Edição: Bruno Rodrigues
Tradução: Mariana Varella
Preparação de texto: Célia Regina Rodrigues de Lima
Revisão: Letícia Carniello e Hebe Ester Lucas
Editoração eletrônica: Pólen Editorial

EDIÇÃO ORIGINAL: DUNCAN BAIRD PUBLISHERS
Editora-chefe: Caroline Ball
Editora: Daphne Razazan
Editora-assistente: Kirty Topiwala
Diretora de arte: Clare Thorpe
Ilustrações: Bonnie Dain, Lilla Rogers Studio e 3+Co.
Capa: Gemma Robinson

Dados Internacionais de Catalogação na Publicação (CIP)
(Câmara Brasileira do Livro, SP, Brasil)

Moore, Gareth
Aumente o desempenho do seu cérebro : maneiras de exercitar e fortalecer a mente / Gareth Moore ; [tradução Mariana Varella]. – São Paulo : Publifolha, 2010 – (Série pensamento eficaz).

Título original: Keep your brain fit : 101 ways to tone your mind.
ISBN 978-85-7914-181-2

1. Cognição - Problemas, exercícios etc. 2. Inteligência - Problemas, exercícios etc. 3. Jogos lógicos I. Título.

10-03603 CDD-153.4

Índices para catálogo sistemático:
1. Cognição : Psicologia 153.4

A grafia deste livro segue as regras do Novo Acordo Ortográfico da Língua Portuguesa.

PUBLIFOLHA
Divisão de Publicações do Grupo Folha
Al. Barão de Limeira, 401, 6º andar
CEP 01202-900, São Paulo, SP
Tel.: (11) 3224-2186/2187/2197
www.publifolha.com.br

Este livro foi impresso em abril de 2010 pela Corprint Gráfica em papel offset 90 g/m².

SUMÁRIO

Introdução 8

CAPÍTULO 1 O FUNCIONAMENTO DO CÉREBRO 12
Conheça o cérebro 14
Cuide do cérebro 18
Os bancos de memória do cérebro 20
O cérebro pode realizar várias tarefas simultaneamente 22

CAPÍTULO 2 EXERCÍCIOS INICIAIS 24
Como começar 26
Exercícios verbais 1 27
Exercícios visuais e espaciais 1 30
Exercícios numéricos 1 34
Exercícios de lógica e raciocínio 1 37
Exercícios para a memória 1 41
Respostas 45

CAPÍTULO 3 COMO ENTRAR EM FORMA GRADUALMENTE 50
Palavras e compreensão 52
Habilidades visual e espacial 54
Como desenvolver habilidades numéricas 56
Pense melhor e seja mais racional 60
Técnicas para desenvolver a memória 62

CAPÍTULO 4 EXERCÍCIOS INTERMEDIÁRIOS 64
Exercícios verbais 2 66
Exercícios visuais e espaciais 2 69
Exercícios numéricos 2 73
Exercícios de lógica e raciocínio 2 76
Exercícios para a memória 2 79
Respostas 83

INTERLÚDIO: UMA HISTÓRIA ENIGMÁTICA 90

CAPÍTULO 5 HABILIDADES MENTAIS AVANÇADAS 94
Razão e tomada de decisão 96
O Sudoku e o desenvolvimento do cérebro 98
As palavras cruzadas e o desenvolvimento da inteligência 102
Como enfrentar os problemas 106
Os desafios da vida 108

CAPÍTULO 6 DESAFIOS DIFÍCEIS 110
Exercícios verbais 3 112
Exercícios visuais e espaciais 3 116
Exercícios numéricos 3 120
Exercícios de lógica e raciocínio 3 124
Exercícios para a memória 3 128
Respostas 131

Índice 140
Leitura complementar 144
Agradecimentos 144

INTRODUÇÃO

Manter o cérebro em forma é essencial para uma vida saudável. Treinar a mente melhora a compreensão de fatos e números, enriquece as experiências e diminui os efeitos do envelhecimento. Este livro vai ajudá-lo a descobrir e desenvolver as capacidades do seu cérebro. Traz exercícios mentais agradáveis e desafiadores que mostram que deixar o cérebro em forma é sempre divertido!

A IMPORTÂNCIA DA MASSA CINZENTA

O maior dom do cérebro humano é a capacidade de pensar, abstrair e desenvolver novas maneiras de fazer as coisas. Os computadores podem calcular milhares de números primos enquanto você pega uma caneta, mas não conseguem realizar tudo o que somos capazes de fazer por conta própria apenas pensando, sentados em uma cadeira. No capítulo 1, veremos como o cérebro é maravilhoso.

O cérebro é responsável não apenas por nos manter vivos; ele contém cada aspecto do pensamento consciente e inconsciente. Aprende e se adapta às nossas necessidades sem sequer nos darmos conta do processo. As adaptações podem ser temporárias, como quando o cérebro corrige a visão ao sairmos de um quarto claro para um escuro, ou permanentes, quando refaz nossas faculdades mentais após um derrame grave. Manter o cérebro ativo e saudável, portanto, é tão importante quanto cuidar do resto do corpo.

Há muitas evidências de que exercícios mentais adequados deixam a mente em forma – o pensamento se torna mais rápido, a mente fica mais ágil e maleável; e as respostas, mais acuradas. O cérebro tem uma enorme capacidade. Ao treinar as vias neurais excedentes por meio de diferentes formas de pensamento, é possível reforçar as habilidades existentes e desenvolver outras, aumentando a capacidade intelectual. Conforme envelhecemos, o cérebro começa a ficar mais lento, diminuindo o tempo de reação e a velocidade de aprendizado. Porém, podemos compensar facilmente essas alterações vivenciando mais experiências que serão armazenadas no espaço excedente da mente, o que nos torna mais inteligentes. Ao expandirmos nossas faculdades mentais, não importa em qual idade, o cérebro fica mais protegido contra a perda de funcionalidade. Também nos tornamos mais preparados para lidar com os desafios comuns da vida, como usar novas tecnologias, desempenhar várias tarefas ao mesmo tempo e perceber as mentiras ditas pelos políticos.

MANTER-SE MENTALMENTE EM FORMA É DIVERTIDO

O treinamento físico para nos mantermos em forma requer um grande esforço e cuidados para evitar lesões. Manter o cérebro em forma é muito mais fácil! Enquanto o corpo se torna tonificado e mais forte por meio de exercícios repetidos, o cérebro precisa de novidade para se desenvolver. Para melhorar o desempenho da mente é necessário desafiar-se por intermédio de novos conceitos e experiências. Tudo o que conseguimos fazer sem empenhar o mínimo esforço de pensamento não serve para deixar a mente em forma.

Os capítulos 2, 4 e 6 estão repletos de jogos e exercícios que desafiam o cérebro e vão ficando mais difíceis de modo gradual. Os jogos foram criados especialmente para este livro, com o objetivo de ajudar você, leitor, a identificar e melhorar seus pontos fortes e fracos. No capítulo 3 veremos como é possível desenvolver uma ampla gama de habilidades mentais no dia a dia.

JUNTE-SE AO PENSAMENTO

Como veremos adiante, a atividade mental precisa de uma ampla variedade de habilidades para funcionar. Por exemplo, para escutar o que alguém fala é necessário que o cérebro processe os sons que entram, recorde fragmentos de discurso e as palavras ligadas a eles e, quem sabe, observe a expressão facial do interlocutor. Se compreendermos erroneamente as palavras, pode ser preciso corrigi-las, e entender a sentença exige as habilidades de recordação e pensamento. Usamos a visão, a audição, a memória, a compreensão e a lógica para apenas entender o que está sendo dito. Graças à interconectividade complexa do cérebro, as habilidades e o conhecimento que adquirimos em determinada área podem ser aplicados em outra. O questionário sobre Plutão da página 28, por exemplo, é inicialmente um exercício de compreensão, mas também envolve a memória, o conhecimento geral e as habilidades numéricas.

A maneira como abordamos qualquer problema mental será influenciada pelo que já sabemos agora e pelo modo como o cérebro foi ensinado a pensar (consciente e inconscientemente) no passado. Fundamentalmente, essa fertilização cruzada também funciona ao contrário: o ganho adquirido por meio de questionários e exercícios mentais rigorosos desenvolve a lógica, a memória, a observação e outras habilidades necessárias para o aprendizado e a resolução de problemas. O livro está repleto de dicas e sugestões, mas no capítulo 5 veremos como reunir várias habilidades para resolver problemas mais complicados por meio de jogos e desafios que simulam a vida real.

O CAMINHO PARA UMA MENTE BEM TONIFICADA

Deixar a mente em forma não requer muito tempo, até mesmo poucos minutos podem fazer uma grande diferença – depende, é claro, de quanto exercício seu cérebro realiza em uma rotina diária normal. Os avanços são mensuráveis e já foram demonstrados há pelo menos dez anos; além disso, muitas evidências comprovam que, quanto mais treinamos, melhor funciona nosso cérebro.

Quando possível, separe mais ou menos cinco minutos diários para realizar alguns exercícios do livro. Não importa quão ocupado esteja, integre à sua rotina as ideias que o levarão a desafiar o cérebro, assim a prática de "alongamento" mental fará parte de suas atividades normais sem muito esforço.

Este livro vai mostrar-lhe o caminho para uma mente bem tonificada, mas esse é apenas o começo. Mais do que tudo, você deve aprender aqui que, toda vez que desafiar o cérebro, ele se desenvolverá e aumentará suas habilidades, muitas vezes de maneiras inesperadas. Aproveite os jogos, siga as instruções e as dicas referentes ao treino prático do cérebro, mas, acima de tudo, use o que aprender como um trampolim para desenvolver seus próprios desafios mentais e enriquecer sua concepção individual do mundo.

> *"Não é o conhecimento, mas o processo de aprendizagem, e não é a posse, mas o ato de chegar lá, que nos concedem o verdadeiro desfrute."*
>
> Carl Friedrich Gauss (1777-1855)

CAPÍTULO 1

O FUNCIONAMENTO DO CÉREBRO

Conheça o cérebro 14

Cuide do cérebro 18

Os bancos de memória do cérebro 20

O cérebro pode realizar várias tarefas simultaneamente 22

Cada um de nós possui um dos mais complexos e notáveis equipamentos até hoje conhecidos – o cérebro humano. Este capítulo mostra como o cérebro funciona e revela a origem de nossas surpreendentes capacidades mentais.

Começaremos com um apanhado geral sobre a estrutura do cérebro e sua intricada rede de conexões que tornam possível o pensamento complexo. A seguir daremos dicas para manter o cérebro saudável e deixá-lo em forma. O capítulo também inclui uma abordagem das duas habilidades que são fundamentais para resolver problemas e administrar a vida diária – a memória e a capacidade de realizar várias tarefas simultaneamente.

CONHEÇA O CÉREBRO

Não faz muito tempo, tínhamos medo de que os computadores logo ultrapassassem o pensamento humano. Hoje, quanto mais os cientistas revelam sobre as funções cerebrais, mais descobrimos nossas incríveis capacidades naturais e percebemos que temos pouco a temer.

A VELOCIDADE E O PODER DO CÉREBRO

O computador sobre sua mesa processa cerca de 2,5 bilhões de instruções por segundo. Parece muito, mas a nossa capacidade de processamento é estimada em 100 trilhões de instruções por segundo.

Diferentemente das máquinas, entretanto, não podemos optar por concentrar toda a nossa capacidade de processamento em uma única tarefa – precisamos respirar, manter o equilíbrio, ouvir, enxergar e assim por diante, tudo ao mesmo tempo. Isso significa que temos de lidar com uma capacidade aritmética relativamente lenta, uma inabilidade para lembrar tudo o que queremos e uma ampla gama de distrações muitas vezes não desejadas, como nosso estado emocional.

Porém, é possível aprender a tirar vantagem da capacidade de processamento que o cérebro coloca à nossa disposição. Para isso, precisamos primeiramente estudar o interior da cabeça.

NEURÔNIOS, SINAPSES E LESMAS-DO-MAR GIGANTES

O cérebro é constituído por dois tipos principais de células: as células nervosas ou neurônios, responsáveis pelo transporte da informação, e um número muito maior de células gliais, que desempenham funções de sustentação essenciais. Os neurônios recebem toda a informação sensorial do corpo – não apenas as que chegam por meio da visão, do olfato, do toque, da audição e do paladar, mas também do equilíbrio, da dor, do movimento, da temperatura e muito mais. Cada neurônio se comunica com milhares de outros por intermédio de uma complicada rede de conexões que nos torna capazes de funções que vão da respiração ao pensamento consciente.

Até meados do século 20, os cientistas supunham que as células cerebrais eram muito mais poderosas que as dos seres menos desenvolvidos, mas eles estavam errados. Na verdade, há pouca diferença entre o funcionamento das células cerebrais de uma lesma-do-mar e o das nossas. As similaridades são tantas que existem vários estudos feitos com lesmas-do-mar que revelam muito sobre como funciona o cérebro. Sabemos que é essencialmente a quantidade de células cerebrais que nos diferencia de outros animais menos desenvolvidos – cada ser humano tem a mesma quantidade de células cerebrais que a de 10 milhões de lesmas-do-mar. Antes de nascermos, nossos neurônios crescem em uma quantidade impressionante de até 250 mil células por minuto. Algumas são descartadas no decorrer do processo, mas o cérebro de um adulto ainda mantém cerca de 100 bilhões de neurônios.

O ponto onde um neurônio se conecta a outro é chamado de sinapse. Enquanto aprendemos coisas novas, essas conexões estão em constante modificação para abrigar o novo conhecimento, as memórias e as habilidades no cérebro. É essa grande maleabilidade que faz com que nosso cérebro seja superior ao de outros seres vivos e que nos permite pensar, sentir, usar a razão e a dedução e definir precisamente quem de fato somos.

O CÓRTEX CEREBRAL

Mais de dois terços do peso de um cérebro humano correspondem à camada exterior, o córtex cerebral. Essa camada é responsável por nossos altos níveis de consciência, racionalidade, habilidades de comunicação e criatividade. Embaixo do córtex, há o cerebelo e outras estruturas que evoluíram antes e assim fornecem respostas mais primitivas, como reações imediatas a ameaças detectadas. Essas reações predominam sobre as respostas conscientes, às vezes de maneira ameaçadora para a sobrevivência. Infelizmente, elas nem sempre são úteis hoje – ficar paralisado quando vemos um carro se aproximando não é uma resposta útil.

O córtex cerebral é dividido em dois hemisférios que se conectam por meio de um grande número de conexões sinápticas. Em geral, o lado esquerdo é responsável pelas especificidades e o direito, pelos conceitos mais amplos. A crença popular de que cada pessoa tem um hemisfério predominante e que isso gera diferentes estilos de pensamento é muito simplista. Na verdade, os dois hemisférios tendem a agir de modo coordenado, ao mesmo tempo. Por isso, as pessoas obtêm o máximo de benefícios ao praticar atividades mentais que exercitem todas as áreas possíveis do cérebro. Até jogos muito específicos podem desenvolver outras habilidades de pensamento além da que está sendo testada.

REGIÕES DO CÉREBRO

O córtex cerebral é subdividido em lobos, como mostrado a seguir. Cada lobo contém certos centros de habilidades importantes responsáveis por determinadas tarefas – mas essas habilidades são específicas. Por exemplo, nem todo pensamento visual ocorre no lobo occipital, onde está localizado o córtex visual. Essa área executa o processamento inicial da informação recebida pelos olhos, o que não significa que utilizamos apenas essa região

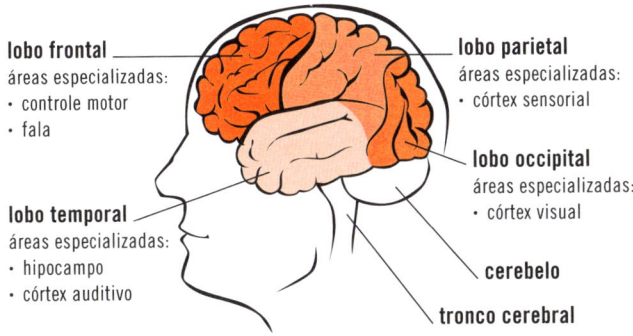

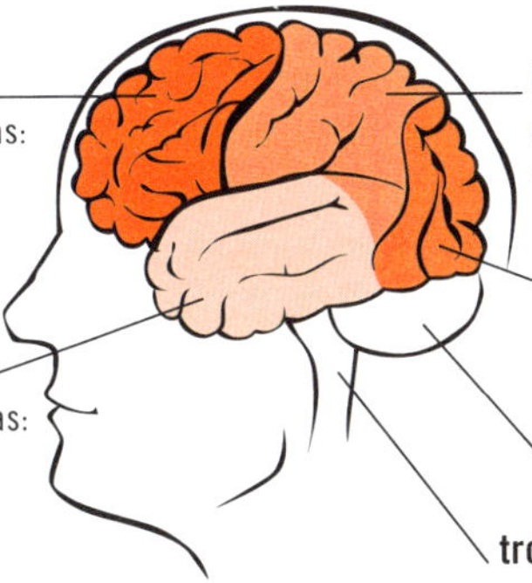

específica quando pensamos conscientemente nas formas geométricas. De modo similar, apesar de o hipocampo estar fortemente associado à memória de longo prazo, outras áreas do cérebro também são responsáveis pela memória. E, ainda mais importante, o pensamento consciente está espalhado por todo o cérebro, e a informação das várias áreas cerebrais tem de ser integrada para que ocorra um pensamento ou uma ação específica.

Por isso, é importante desenvolver um aspecto do cérebro para ajudar a melhorar outros. Como tudo no cérebro é interconectado, estabelecer novos caminhos de pensamento permite maior agilidade, criando, assim, novas rotas não apenas para determinada habilidade, mas para todas as demais.

CUIDE DO CÉREBRO

O cérebro é um consumidor voraz. Podemos ajudá-lo a manter-se em forma garantindo-lhe as devidas matérias-primas e as condições ideais de que ele necessita para funcionar de modo adequado.

UMA MÁQUINA DEVORADORA DE ENERGIA

Apesar de constituir apenas 2% do nosso peso corporal, o cérebro utiliza cerca de 20% de toda a energia que consumimos. Ele necessita de um suprimento contínuo de oxigênio e de muitas outras substâncias químicas para funcionar, e o déficit no fornecimento dessas substâncias pode levar a vários problemas, desde uma fadiga leve até um grave dano cerebral.

Cada neurônio armazena uma quantidade limitada de energia; portanto, quando funcionam em alta velocidade, os neurônios necessitam de um rápido suprimento adicional de oxigênio e nutrientes sanguíneos. Manter o corpo em forma ajuda a melhorar a circulação sanguínea e, por essa razão, é um aspecto importante para conseguirmos desenvolver qualquer atividade mental. Estudos revelam que melhoras no desempenho físico podem levar a ganhos correspondentes no desempenho mental.

O EFEITO DA DIETA

Quando comemos, nosso sistema digestório "quebra" os alimentos em substâncias químicas que seguem para a corrente sanguínea e daí para o cérebro. Especula-se que certas substâncias, como os ácidos graxos ômega-3, encontrados em alimentos como peixes oleosos, podem promover o bom funcionamento cerebral. De modo geral, uma dieta variada, com vários tipos de alimentos, é essencial não apenas para a saúde física, mas para a mental também.

AS SUBSTÂNCIAS QUÍMICAS E O CÉREBRO

A maioria das substâncias químicas do sangue não consegue entrar no cérebro graças a uma passagem conhecida como barreira sangue--cérebro. No entanto, as substâncias essenciais, como o oxigênio e certas moléculas que codificam mensagens que vão e vêm para o cérebro, recebem permissão para passar. Muitas drogas, como determinados medicamentos, algumas drogas recreativas e inclusive o álcool e a cafeína, agem utilizando esse sistema de comunicação cerebral. Os medicamentos devem ser usados com cautela e as drogas recreacionais, evitadas. Algumas drogas "enganam" o circuito de prazer do cérebro recompensando-o com picos de alegria artificial. Se uma pessoa ingerir drogas com frequência, seu cérebro aprenderá a esperar por essas substâncias químicas e interpretará sua falta como um problema, gerando sintomas de abstinência desagradáveis e graves.

ESTRESSE – ESTIMULANTE OU DEBILITANTE?

O estresse é um pedido de atenção biológico. Em quantidades pequenas, pode aumentar a concentração e a motivação para terminar uma tarefa. Uma mente muito estressada, entretanto, não consegue aprender como uma mente tranquila. O estresse prolongado deixa o corpo em um estado alterado permanente, pronto para reagir às ameaças. Com o tempo, isso pode levar a um aumento da suscetibilidade a doenças, ganho de peso ou sérias complicações de saúde.

Para acabar com o estresse é necessário identificar sua causa, como um ambiente de trabalho ruim, por exemplo, e mudar ou eliminar o que está provocando o problema – mesmo que isso pareça difícil a curto prazo. É possível diminuir o estresse moderado por meio da prática de atividade física, interação social, bom humor e sono adequado.

OS BANCOS DE MEMÓRIA DO CÉREBRO

Você provavelmente já ouviu falar de pessoas cuja memória consegue desempenhar proezas incríveis – como lembrar centenas de dígitos em sequência. Na verdade, há uma pequena diferença entre a habilidade natural dessas pessoas e a sua. Podemos desenvolver nossa memória com a prática e utilizando táticas simples.

MEMÓRIA DE CURTO E DE LONGO PRAZO

Em seu nível mais básico, a memória pode ser de curto ou de longo prazo, ou seja, os acontecimentos que lembramos até poucos minutos depois que ocorrem e os que conseguimos lembrar muito tempo depois. O fato de esquecermos a maioria das informações que recebemos é parte essencial de nosso funcionamento adequado – o cérebro descarta o que acha desnecessário para evitar que a mente fique sobrecarregada de informações inúteis. Apesar disso, somos capazes de reter muito mais do que percebemos, mas só é possível ativar muitas dessas memórias se elas forem desencadeadas por outro pensamento. Mesmo assim, as memórias de longo prazo geralmente estão misturadas de maneira inconsciente às memórias recentes; portanto, quando vêm à tona, não são muito confiáveis.

A memória de longo prazo não diz respeito apenas aos fatos armazenados de modo explícito. Ela inclui também a memória de procedimento, que normalmente se refere às habilidades mais difíceis que, uma vez adquiridas, nunca esquecemos, como a de nos equilibrar em uma bicicleta. Essas memórias são definidas como implícitas porque, apesar de ser possível interagir com elas, costumam ser muito difíceis de ser lembradas conscientemente – tente explicar como andar de bicicleta, por exemplo.

MEMÓRIA DE TRABALHO

Parte da memória de curto prazo é chamada de memória de trabalho. Ela geralmente é capaz de armazenar entre quatro e nove informações, que devemos repetir se não quisermos esquecê-las – os dígitos de um número de telefone são um bom exemplo. Sem a memória de trabalho não conseguiríamos ler nenhuma frase, porque esqueceríamos seu começo ao chegarmos ao fim, impedindo que o cérebro decifrasse seu significado. A memória é, portanto, essencial em todos os aspectos da vida. Dada sua natureza crucial, talvez nossa memória não seja tão ruim quanto imaginamos – se ela funciona bem para os fatos implícitos (veja a página anterior), podemos aprender a usá-la melhor para memorizar os eventos explícitos, como fazer listas de compras de cabeça e lembrar nomes.

A boa notícia é que treinar a memória de forma correta leva a melhoras significativas que duram muitos anos. Cada capítulo de exercícios deste livro inclui uma seção de testes de memória para ajudá-lo a desenvolver a sua.

MEMÓRIA E EMOÇÕES

Lembramos detalhes nítidos de momentos importantes da vida, como quando recebemos o resultado de provas importantes ou o dia em que ouvimos notícias sobre um acidente terrível. Os detalhes circunstanciais não são importantes, mas o cérebro não sabe disso – quando sentimos emoções extremadas em determinado momento, guardamos até os detalhes triviais como se tivessem muita importância.

Para recordar alguma coisa, entretanto, será muito mais fácil se a associarmos a uma emoção forte. Outro modo é relacionar pessoas ou fatos a imagens ridículas que nos fazem rir.

O CÉREBRO PODE REALIZAR VÁRIAS TAREFAS SIMULTANEAMENTE

O cérebro consegue fazer um número impressionante de coisas ao mesmo tempo. Apesar de sua incrível habilidade para realizar várias tarefas simultaneamente, só somos capazes de pensar de maneira consciente em um assunto por vez.

PROCESSO INCONSCIENTE

Mesmo quando não estamos pensando de modo consciente, o cérebro desenvolve inúmeras operações simultaneamente. Isso ocorre de forma automática – o que é sorte nossa, caso contrário nos esqueceríamos de respirar! Nascemos com várias capacidades de processamento – como os circuitos designados a interpretar a informação visual de linhas e formas –, enquanto outras são aprendidas enquanto crescemos. Muitos dos circuitos estão dispostos em camadas que se sobrepõem – por exemplo, podemos identificar certas formas como os traços faciais de uma pessoa e depois processá-los em nomes e lembranças que reconhecemos, isso tudo sem fazer nenhum esforço consciente.

PENSAMENTOS CONSCIENTES

Diferentes grupos de neurônios aprendem habilidades diversas. Como resultado, podemos lidar de modo consciente com vários estímulos ao mesmo tempo – desde que sejam totalmente diferentes entre si, como imagens visuais e som. Quando tentamos processar dois estímulos parecidos – por exemplo, quando procuramos escutar duas conversas ao mesmo tempo –, perdemos a linha de pensamento. Isso ajuda a explicar por que algumas pessoas gostam de ouvir música enquanto leem ou escrevem, mas se distraem se tentarem ler a letra da música ao mesmo tempo. Tornamo-nos rapidamente condicionados a ignorar a música de fundo – como se a desligássemos – desde que ela esteja em um volume razoável e constante.

PENSE DIREITO

Em uma tarefa ou desafio mental, quanto mais focado e concentrado você estiver, mais apto estará a usar a máxima capacidade do cérebro.

- Escolha um ambiente organizado e tranquilo, que ofereça o mínimo de distrações possíveis. Feche a porta, tire o telefone do gancho e não acesse os e-mails.
- Comprometa-se mentalmente a cumprir uma tarefa ou sessão em determinado tempo e prometa a si mesmo não se distrair durante esse período.
- Reserve um tempo para planejar o que vai fazer, assim poderá se concentrar nas partes mais importantes da tarefa, trabalhará mais depressa e cometerá menos erros.
- Procure se concentrar em uma tarefa por vez. Administrar duas ao mesmo tempo pode sobrecarregar sua memória de trabalho e fazê-lo executar mal as duas.
- Se precisar interromper uma tarefa para se concentrar em outra, procure fazer a troca de maneira clara, assim os pensamentos da tarefa anterior não interromperão a execução da nova atividade. Faça uma breve "limpeza cerebral" ao anotar os pensamentos em um papel, observando com cuidado aquilo em que estava trabalhando.
- Estabeleça objetivos atingíveis, assim poderá fixar horários e recompensar-se. Lembre-se de incluir intervalos e estipule prazos, se isso o ajudar a se concentrar.

CAPÍTULO 2

EXERCÍCIOS INICIAIS

Como começar 26

Exercícios verbais 1 27

Exercícios visuais e espaciais 1 30

Exercícios numéricos 1 34

Exercícios de lógica e raciocínio 1 37

Exercícios para a memória 1 41

Respostas 45

As redes nervosas do cérebro estão amplamente interconectadas – por isso, para melhorar a capacidade mental, é preciso praticar uma série de habilidades. Para ajudá-lo a desenvolver várias áreas diferentes continuamente, os exercícios deste livro estão divididos em exercícios verbais, visuais e espaciais, numéricos, de lógica e raciocínio e de memória.

Os jogos deste capítulo são uma pequena introdução a cada uma dessas áreas. Você talvez descubra que se sai melhor ou se sente mais confiante em algumas delas, mas, para atingir o máximo de benefícios dos exercícios, procure exercitar todas as áreas. As respostas estão no final do capítulo. O objetivo desses exercícios não é "aprová-lo" ou "reprová-lo", mas desenvolver seus pontos fortes e melhorar sua compreensão sobre as habilidades mentais – e talvez apresentar-lhe tipos de pensamento com os quais você quase nunca mantém contato.

COMO COMEÇAR

Este é o primeiro de três capítulos de exercícios desenvolvidos para que você treine todos os aspectos de suas habilidades mentais. Para exercitar bem o cérebro, tente completar todas as seções. Você pode realizar os exercícios em qualquer lugar, mas garanta que não será interrompido.

DICAS E SUGESTÕES

Inevitavelmente, você vai achar alguns jogos mais fáceis que outros; portanto, desafie-se a cumprir os exercícios menos complicados o mais rápido possível. Se achar algum jogo difícil e não souber resolvê-lo, tente descobrir a solução por meio da experimentação – só isso já é um bom exercício cerebral. Se mesmo assim não encontrar a solução, cheque as respostas para aprender como o jogo funciona, e depois procure resolvê-lo novamente no dia seguinte. Esse "mecanismo reverso" é perfeitamente aceitável, já que o faz aprender.

Quando for realizar os exercícios visuais, tente resolvê-los sem nenhuma ajuda, como girar o livro, usar um espelho ou identificar partes das figuras. A mesma coisa vale para os exercícios numéricos e verbais: o ideal é fazer os cálculos sem anotar nada. A maioria dos jogos de lógica pode ser resolvida de cabeça, mas talvez você ache útil fazer algumas anotações. No entanto, não trapaceie nos exercícios de memória: não faça anotações, pois isso estragará o desafio.

Lembre-se, o objetivo não é necessariamente resolver cada exercício, mas tentar – o processo que faz o cérebro exercitar cada área é mais importante que o resultado final. Não perca muito tempo com os exercícios – em geral dez minutos por página são suficientes.

EXERCÍCIOS VERBAIS 1

Os jogos a seguir têm como meta estimular vários aspectos das habilidades verbais, como vocabulário, capacidade para reconhecer os significados alternativos das palavras, habilidade em identificar palavras em meio a letras embaralhadas e capacidade de guardar detalhes.

ESCOLHA A LETRA *(respostas na página 45)*

Apague uma letra de cada um dos seguintes pares de letras para descobrir uma palavra diferente em cada linha.

1 FH ÁI SC YI LT
2 PJ AU LM NG AI NM ED NY RT AO
3 ST EO LM UT DÇ YÃ LO
4 MC RO IM CP RT ER TE DN WS RÃ RO
5 NV LE OG BA RÇ LÃ SO
6 VT EA MR EL RT IU DE AU TD YE
7 HC HE LI VI CA LÓ PR YT AE DR LO
8 DE XE AU LO TR AS SD RO

FRASES MISTURADAS *(respostas na página 45)*

Descubra o anagrama em letras MAIÚSCULAS para completar cada frase.

1 Para continuar nesse RAMO de negócios, só tendo muito_______ pela profissão.
2 Olhou a PRESA com extremo _______.
3 O sonho de IRACEMA sempre foi conhecer a ________.
4 Percebeu que para se CASAR era necessário ______ o dinheiro investido.

5 A TROPA toda saiu sem fechar a______.
6 O FATOR mais importante para controlar o trânsito é tirar de circulação parte da ______ de veículos.
7 Na sala de ESTAR, ficou observando as ______ da criança.
8 ASSIM que entrou na igreja, notou que a _______ já havia começado.

SÉRIES DE SINÔNIMOS *(respostas na página 45)*

Ligue cada palavra abaixo a outra que tenha um significado parecido. Cada palavra deve ser utilizada uma só vez.

junção	fascinante	tratamento	restante
pendente	rasgar	oferta	desenvolvimento
união	proposta	crescimento	agonia
cativante	cuidado	sofrimento	arrancar

COMPREENSÃO *(respostas na página 45)*

Leia as passagens a seguir e tente responder às perguntas abaixo sem verificar as respostas. Repita até ter respondido a todas as questões.

> Plutão foi reclassificado em 2006 como planeta anão. O sistema solar agora tem apenas oito planetas. Plutão, descoberto em 1930 por Clyde Tombaugh, que tinha 24 anos à época, foi excluído porque não "limpou" sua área no espaço.

1 Plutão foi reclassificado como que tipo de planeta?
2 Quantos anos tinha Tombaugh quando descobriu Plutão?
3 Por que Plutão foi reclassificado?

O arco-íris é um exemplo de "dispersão cromática". Quando a luz branca atinge uma gota de água na atmosfera, parte da luz é refratada dentro da própria gota, fazendo com que a luz se divida nas cores que a compõem. Parte da luz é então refratada dentro da gota e novamente refratada para fora, dividindo-se mais intensamente em seus componentes coloridos.

4 Qual é o termo de duas palavras usado para descrever o arco-íris?

5 Após se dividir nas cores que a compõem, o que ocorre primeiro com parte da luz antes de ela sair novamente da gota?

6 O que acontece duas vezes para criar cores componentes tão intensas?

CRIPTOGRAMA *(respostas na página 45)*

Com qual velocidade você consegue decodificar a citação a seguir se substituir cada letra do alfabeto pela imediatamente seguinte?

Mtmbz d szqcd cdlzhr ozqz rdq n ptd unbd oncdqhz sdq rhcn. *Fdnqfd Dkhns*

QUAL PALAVRA NÃO PERTENCE AO GRUPO 1 *(respostas na página 45)*

Utilize seus conhecimentos gerais e descubra qual palavra não pertence a cada um dos seguintes grupos de palavras:

Soneto	Grama	Mar
Balada	Metro	Castelo
Prosa	Newton	Papel
Quintilha	Einstein	Sacola
Ode	Kelvin	Pedra

EXERCÍCIOS VISUAIS E ESPACIAIS 1

Estes exercícios servem para testar sua habilidade de visualizar e manipular objetos mentalmente. Os jogos a seguir escondem não apenas transformações simples como rotação e reflexo, mas mudanças mais complexas como dobraduras em 3D e progressão geométrica. Em cada caso, procure por partes identificáveis da imagem que possam ser usadas como ganchos visuais para ajudá-lo a resolver o problema.

SEQUÊNCIAS VISUAIS *(respostas na página 46)*

Identifique qual das opções (A, B ou C) completa cada série de três figuras.

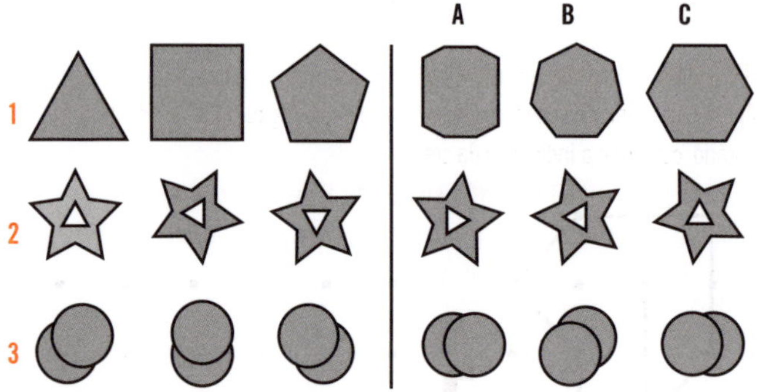

REFLEXÃO *(respostas na página 46)*

Tente copiar o desenho abaixo no espaço vazio ao lado de modo que a imagem se reflita na "linha de espelho" vertical que aparece no meio.

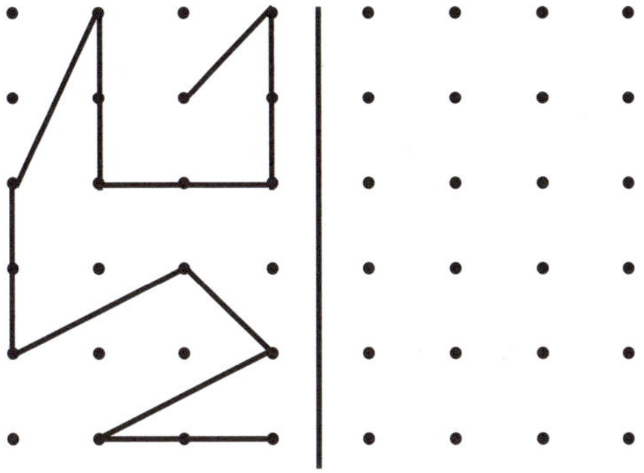

ROTAÇÃO *(respostas na página 46)*

Agora tente copiar o desenho abaixo, mas desta vez gire-o 90° em sentido horário, conforme a indicação da seta.

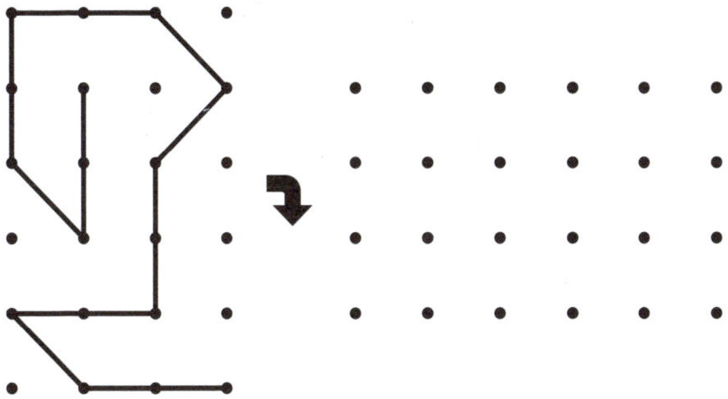

DOBRE AS FORMAS *(respostas na página 46)*

Se você cortasse e depois dobrasse este "conjunto de formas" para criar uma pirâmide em 3D, com qual das três pirâmides a seguir acha que ele se pareceria?

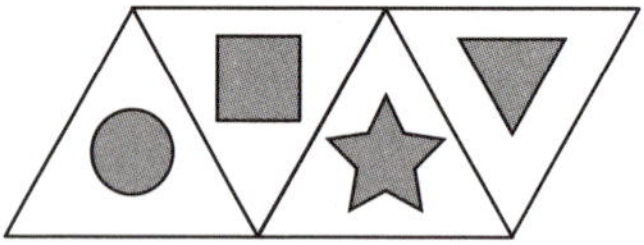

A **B** **C**

CONTE AS FORMAS *(respostas na página 46)*

Olhe este desenho abstrato e veja quantos triângulos, de todas as formas e tamanhos, consegue contar. Há vários!

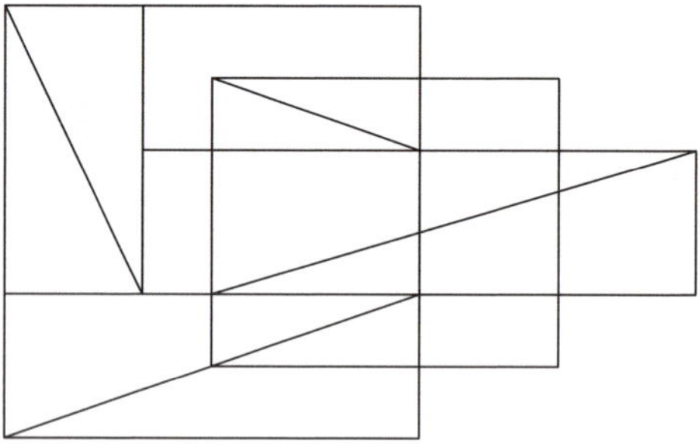

ZOOM *(respostas na página 46)*

Analise bem o desenho e veja em quanto tempo você consegue identificar a que partes pertencem as figuras aumentadas (não vire o livro).

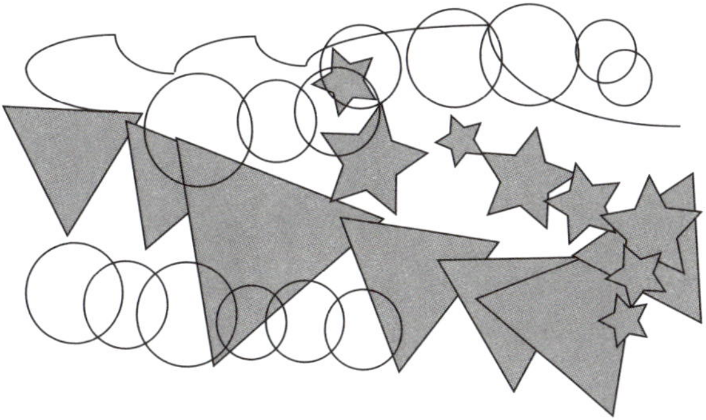

A B C D E

DE CABEÇA *(respostas na página 47)*

Até aqui você encontrou várias transformações visuais diferentes – agora faremos algumas atividades em que você terá de criar a imagem completa na cabeça para completá-las.

- Quantas arestas há em um cubo?
- Se você segura um cubo na mão, quantos ângulos consegue ver de uma só vez?
- Qual o número mínimo de triângulos necessário para formar um pentágono regular (de lados iguais)?

EXERCÍCIOS NUMÉRICOS 1

É hora de exercitar suas habilidades aritméticas e numéricas. Não importa se você se acha bom ou ruim em matemática – nenhum dos exercícios a seguir exige cálculos especialmente complicados. Todos podem ser resolvidos por meio de organização mental, passo a passo.

SEQUÊNCIAS NUMÉRICAS *(respostas na página 47)*

Cada uma das sequências a seguir se baseia em uma regra matemática simples que estabelece a progressão dos números. Decifre essas regras para saber o número que falta nos seguintes casos.

1	2	4	8	16	___
3	5	8	12	17	___
11	16	21	26	31	___
1	3	9	27	81	___
123	111	99	87	75	___

PENSAMENTO NUMÉRICO *(respostas na página 47)*

Você consegue responder a cada uma das seguintes perguntas pensando matematicamente?

- Se você comprar 12 ovos, quebrar acidentalmente 25% deles a caminho de casa e depois cozinhar ⅓ dos que sobraram, quantos ovos crus restarão?

- Planejo instalar uma cerca linear de 10 metros. Se forem necessários 2 mourões de cerca por metro, de quantos mourões precisarei no total?
- Se eu correr a uma velocidade de 9,6 km/h durante meia hora e depois andar a 6,4 km/h por 15 minutos, quantos quilômetros terei percorrido no final?

PROBLEMAS PROVÁVEIS *(respostas na página 47)*

Você consegue descobrir qual dos dois eventos listados abaixo tem *maior probabilidade* de ocorrer? Descubra qual a probabilidade matemática de cada evento e ganhe um ponto bônus.

- jogar um dado de 6 lados e tirar um 3 ou jogar uma moeda duas vezes e tirar cara nas duas vezes;
- jogar dois dados de 6 lados e tirar uma soma de 12 ou tirar aleatoriamente um ás de espada ou uma rainha de paus em um baralho comum de 52 cartas.

O TEMPO PASSA *(respostas na página 47)*

Você consegue descobrir quantas horas e minutos se passaram entre os dois horários de cada linha?

17h50min	a	19h30min	=	______
10h30min	a	16h20min	=	______
6h	a	0h	=	______
15h45min	a	22h25min	=	______
1h23min	a	2h34min	=	______

A ESSA HORA AMANHÃ *(respostas na página 48)*

Dado o horário em determinada cidade na lista à esquerda, que horas são na cidade à direita? Use o quadro com as horas das cidades para ajudá-lo a descobrir.

Sydney	Pequim	Moscou	Londres	Nova York	Waikiki
GMT+10	GMT+8	GMT+3	GMT	GMT-5	GMT-10

hoje/amanhã/ontem

1 13h em Pequim = ___ em Londres ____________
2 3h30min em Nova York = ___ em Waikiki ____________
3 10h20min em Waikiki = ___ em Pequim ____________
4 16h em Sydney = ___ em Nova York ____________
5 23h em Moscou = ___ em Sydney ____________
6 0h em Londres = ___ em Pequim ____________

NÚMEROS MARAVILHOSOS *(respostas na página 48)*

Você é capaz de encontrar um caminho de 11 quadrados, nas direções horizontal e vertical, aplicando a operação "+ 7"? Por exemplo, se um caminho for do 12 ao 19 (12 + 7 = 19), o quadrado seguinte seria o 26 (19 + 7 = 26), e assim por diante. Agora você consegue encontrar um caminho de 10 quadrados com a operação "- 9"? Desta vez, você pode se mover em sentido diagonal.

79	86	66	75	85
77	57	64	71	78
68	50	41	32	80
59	43	22	15	23
45	36	29	14	5

EXERCÍCIOS DE LÓGICA E RACIOCÍNIO 1

Os jogos e exercícios a seguir ajudam a formar várias habilidades cerebrais essenciais. Apesar de parecerem complicados, para solucioná-los não é preciso nenhum tipo de conhecimento matemático ou mesmo geral prévio.

MINISSUDOKU

(respostas na página 48)

Você consegue colocar cada um dos números de 1 a 6, sem repetir, nas fileiras, colunas e nas formas delineadas em negrito desta grade de 6 x 6? Vai precisar de uma caneta ou um lápis.

			3	2	4
4	6	1			

DEDUÇÃO *(respostas nas páginas 48 e 49)*

Leia as frases a seguir e descubra qual é verdadeira e qual é falsa (isto é, não foi comprovada).

1 **25% dos doces são feitos com suco de frutas natural. Os sucos de frutas naturais são mais caros que os de sabor artificial.**

a Os doces com sabor artificial são mais baratos que os feitos com suco de fruta natural.

b 75% dos doces têm sabor artificial.

2 **Meninos com menos de 10 anos não gostam de meninas. Meninas com mais de 8 anos gostam de meninos.**

a Meninas com menos de 8 anos não gostam de meninos.

b Meninas não gostam de meninos com menos de 10 anos.

LÓGICA EVIDENTE *(respostas na página 49)*

Um crime horrível ocorreu em uma mansão no interior. Quatro objetos preciosos foram surrupiados de seu amável dono. Você consegue ajudar a resolver o mistério de quem pegou emprestado cada objeto com base no depoimento das testemunhas abaixo?

Descubra quem foi visto com cada item e em que ambiente estavam na hora. As pessoas, objetos e ambientes são:

Pessoas: Pedro, Tiago, Sara e Tarsila
Objetos: caneta, livro, casaco e troféu
Ambientes: hall de entrada, banheiro, sala de estar e cozinha

- O mordomo diz que viu um homem colocando um dos objetos no bolso do casaco no hall.
- Tarsila foi vista indo ao banheiro com um objeto, mas definitivamente não era um casaco.
- O troféu de prata ganho pelo segundo lugar em um campeonato de tênis não foi visto recentemente no hall nem no banheiro.
- A premiada caneta de pena, que dizem ter sido usada para assinar a Declaração de Independência dos Estados Unidos, foi vista pela última vez na cozinha, mas não em posse de Sara ou Pedro.

DOMINÓ *(respostas na página 49)*

Você consegue inserir um jogo de dominó (o 0 representa a peça em branco) no quadro abaixo?

0	6	1	0	2	2	3	0
0	3	3	6	6	6	3	4
1	4	5	5	5	2	5	3
1	5	0	1	1	2	3	4
5	1	2	4	6	0	4	4
6	2	6	0	5	1	5	4
2	6	1	0	3	2	4	3

Para facilitar, use o quadro abaixo para marcar quais dominós você já inseriu.

	0	1	2	3	4	5	6
6							
5							
4							
3							
2							
1							
0							

LÓGICA DAS CARTAS *(respostas na página 49)*

Quatro cartas de dois lados estão colocadas em cima de uma mesa. É possível ver os seguintes lados delas:

5	J	Q	4

Suponha que você *saiba* que cada carta tem uma letra em um lado e um número no lado inverso.

Agora você deve avaliar como verdadeiras ou falsas várias afirmativas. Em cada caso, qual o número mínimo de cartas que você precisaria virar para considerar verdadeiras ou falsas as seguintes suposições e que cartas seriam essas? Considere cada frase independentemente das demais.

- Há precisamente duas cartas contendo a letra Q.
- Toda carta com número ímpar tem um Q do outro lado (não importa se as pares têm um Q atrás ou não).
- Todas as cartas J têm um 4 do outro lado (embora o 4 possa ter outros elementos no verso).

"Ter uma boa mente não é o suficiente. O mais importante é usá-la bem."

René Descartes (1596-1650)

EXERCÍCIOS PARA A MEMÓRIA 1

Com a ajuda apenas da memória – e sem fazer anotações –, tente resolver os exercícios abaixo e veja como se sai. Se for necessário, use um relógio ou cronômetro.

LISTA DE PALAVRAS

As palavras a seguir não têm nenhuma relação óbvia entre si, mas tente relacioná-las após observar a lista por um minuto. Cubra a lista e tente reproduzir as palavras nos espaços vazios abaixo.

Cavalo	Polígono	Gentil	Sinuoso
Riacho	Trio	Planta	Negação

QUADRO NUMÉRICO

Observe os números de 1 a 15 abaixo por dois minutos. Quando terminar o tempo, cubra o quadro e tente reproduzir a mesma organização numérica no quadro vazio.

6	1	8	2	9
15	11	5	13	14
10	4	7	3	12

QUAL PALAVRA FALTA?

Cubra a lista de baixo sem lê-la. Agora observe a lista de cima por um minuto, depois cubra-a e aponte quais palavras não aparecem na lista original. As listas estão em ordem diferente.

Calcular	Esplêndido	Cascalho	Último
Xilofone	Ingenuidade	Odontologia	Topografia
Estômago	Altruísmo	Generalidade	Tremendo
Diplomata	Subterrâneo	Internet	Esplêndido
Compreender	Perceber	Intimidade	Abstrato

Analfabeto	Xilofone	Subterrâneo	Calcular
Geral	Magnífico	Honestidade	Altruísmo
Estômago	Internet	Abstrato	Intimidar
Topografia	Cascalho	Tremendo	Ingenuidade
Compreender	Oficial	Odontologia	Último

MEMÓRIA VISUAL

Veja a figura no quadro de pontos. Observe-a pelo tempo que julgar necessário, cubra-a e tente reproduzi-la no quadro vazio abaixo.

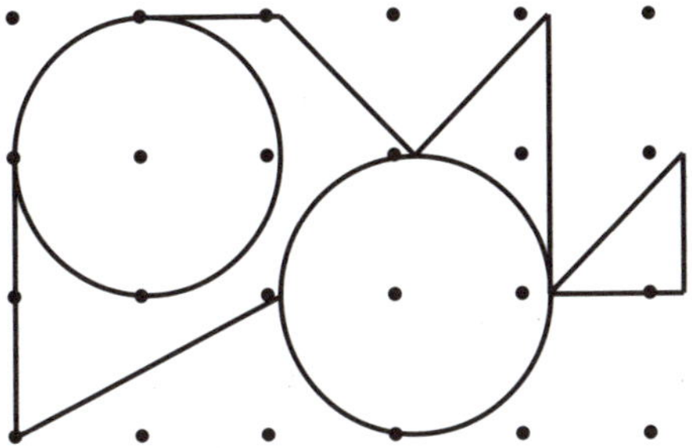

SEQUÊNCIAS ABSTRATAS

Pegue uma folha, cubra a ilustração toda, exceto a primeira linha, e memorize a ordem das figuras por um minuto. Depois, cubra a primeira linha e descubra a de baixo. Marque cada figura com um número que represente sua posição original. Escreva “1” próximo à figura que aparece primeiro na linha anterior e assim por diante, depois faça o mesmo com as outras séries de figuras.

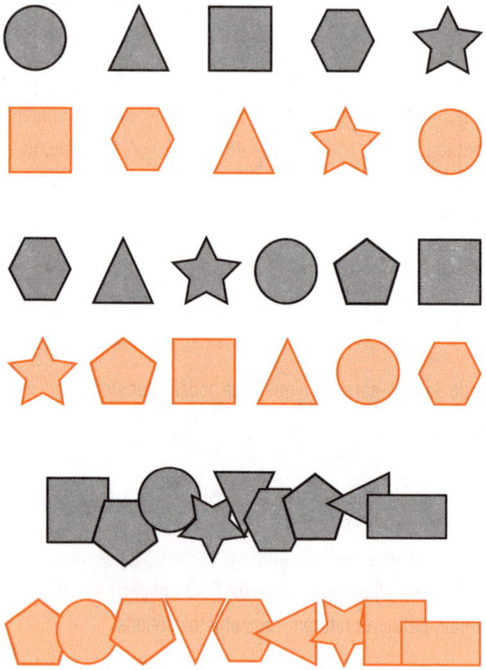

RESPOSTAS: VERBAIS 1

Escolha a letra

1 FÁCIL 2 JULGAMENTO 3 SOLUÇÃO 4 COMPREENSÃO 5 NEGAÇÃO
6 TEMERIDADE 7 HELICÓPTERO 8 EXALTADO

Frases misturadas

1 AMOR 2 PESAR 3 AMÉRICA 4 SACAR 5 PORTA 6 FROTA
7 ARTES 8 MISSA

Séries de sinônimos

junção - união
pendente - restante
rasgar - arrancar
cativante - fascinante
sofrimento - agonia
tratamento - cuidado
proposta - oferta
desenvolvimento - crescimento

Compreensão

1 Um planeta anão 2 24 3 Ele não "limpou" sua área espacial
4 Dispersão cromática 5 Ela é refletida 6 Refração

Criptograma

Nunca é tarde demais para ser o que você poderia ter sido.
George Eliot

Qual palavra não pertence ao grupo 1

Prosa: as demais palavras são tipos de poema.
Einstein: as outras palavras são unidades de medida (ainda que Newton e Kelvin também sejam nomes de cientistas importantes).
Mar: as demais palavras referem-se a objetos sólidos.

RESPOSTAS: VISUAIS E ESPACIAIS 1

Sequências visuais

Linha 1 – C: o número de lados aumenta uma vez a cada figura.

Linha 2 – A: a cada figura, o triângulo gira em sentido anti-horário e a estrela, em sentido horário.

Linha 3 – C: os dois círculos giram em sentido anti-horário.

Reflexão

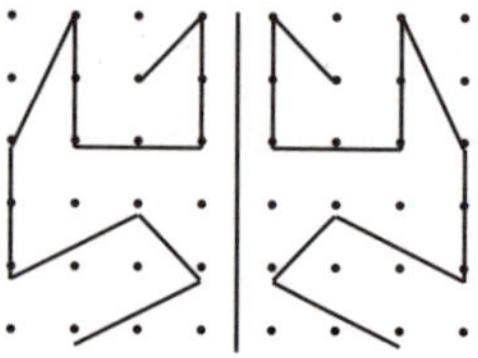

Rotação

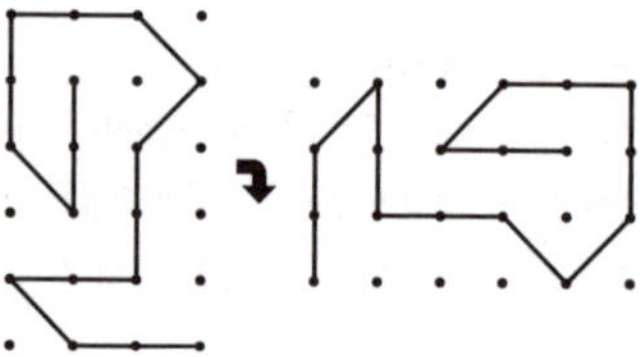

Dobre as formas

A forma "B" é a única que pode resultar da dobradura.

Conte as formas

14 triângulos.

Zoom

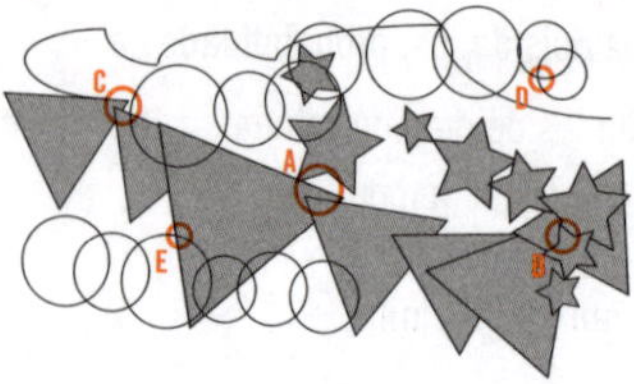

De cabeça

- Há 12 arestas.
- Podemos ver 12 ângulos em um cubo.
- 3 triângulos. Para alguns pentágonos irregulares, você precisaria de 2 triângulos.

RESPOSTAS: NUMÉRICOS 1

Sequências numéricas

32 Cada número é o item anterior multiplicado por 2.

23 A diferença entre os números aumenta uma unidade a cada item.

36 Cada número é o item anterior mais 5.

243 Cada número é o anterior multiplicado por 3.

63 Cada número é o item anterior menos 12.

Pensamento numérico

- 6 ovos: há 9 depois de quebrá-los e 6 depois de cozinhá-los.
- 21 mourões: 2 por metro, mais um no final da cerca.
- 6,4 quilômetros: 4,8 quilômetros correndo e 1,6 quilômetro andando.

Problemas prováveis

- A probabilidade de tirar cara duas vezes é maior, 1 em 4 (1 em 2 × 1 em 2). A probabilidade de sair 3 no dado é de 1 em 6.
- A probabilidade das cartas é maior, 2 em 52 = 1 em 26. Para tirar 12 nos dados é preciso tirar 6 nos dois dados, probabilidade de 1 em 36 (1 em 6 × 1 em 6).

O tempo passa

1h40min   5h50min   18h   6h40min   1h11min

A essa hora amanhã

1 5h hoje **2** 22h30min ontem **3** 4h20min amanhã
4 1h amanhã **5** 6h amanhã **6** 8h hoje

Números maravilhosos

79	86	66	75	85
77	57	64	71	78
68	50	41	32	80
59	43	22	15	23
45	36	29	14	5

RESPOSTAS: LÓGICA E RACIOCÍNIO 1

Minissudoku

6	1	5	3	2	4
1	5	3	2	4	6
5	3	2	4	6	1
3	2	4	6	1	5
2	4	6	1	5	3
4	6	1	5	3	2

Dedução

1a Falso (não foi comprovado). Não sabemos se o custo da manufatura é acrescentado ao preço de venda.

1b Falso. Talvez alguns não tenham nenhum sabor adicionado ou algo além de suco de frutas ou essência artificial.

2a Não comprovado – não sabemos o que as meninas com menos de 8 anos pensam dos meninos.

2b Não comprovado – novamente, não sabemos o que as meninas pensam dos meninos de idades diferentes.

Lógica evidente

Cozinha	Caneta	Tiago
Sala de estar	Troféu	Sara
Banheiro	Livro	Tarsila
Hall	Casaco	Pedro

Dominó

0	6	1	0	2	2	3	0
0	3	3	6	6	6	3	4
1	4	5	5	5	2	5	3
1	5	0	1	1	2	3	4
5	1	2	4	6	0	4	4
6	2	6	0	5	1	5	4
2	6	1	0	3	2	4	3

Lógica das cartas

- Duas: o 4 e o 5. Você ainda não sabe qual letra há atrás das cartas.
- Duas: o 5 e o J. Se você virar a carta Q, não descobrirá nada – não importa se ela for par ou ímpar, ainda assim haverá um Q do outro lado. Você precisa virar o J para poder dizer que a suposição é falsa – o que ocorrerá se houver um número ímpar atrás.
- Duas: o 5 e o J, pelos mesmos motivos da resposta anterior.

CAPÍTULO 3

COMO ENTRAR EM FORMA GRADUALMENTE

Palavras e compreensão 52

Habilidades visual e espacial 54

Como desenvolver habilidades numéricas 56

Pense melhor e seja mais racional 60

Técnicas para desenvolver a memória 62

A compreensão de como o cérebro reúne as informações e por que necessitamos de diferentes habilidades de pensamento pode nos ajudar a usar o potencial do cérebro de maneira mais eficiente. Agora que você teve a oportunidade de testar as cinco áreas de treinamento mental, este capítulo mostrará como desenvolver suas habilidades. Você aprenderá detalhadamente cada tipo de habilidade e se beneficiará ao enriquecer seu conhecimento e potencial nessas áreas.

Ao desenvolver suas habilidades, você se preparará para enfrentar os exercícios mais difíceis do próximo capítulo, e, ao aumentar a dificuldade dos exercícios, sua capacidade de pensamento diária melhorará. Lembre que os avanços em qualquer área trarão benefícios gerais para o cérebro, com o que você se tornará ainda mais inteligente!

PALAVRAS E COMPREENSÃO

As palavras são parte integral dos pensamentos conscientes. Portanto, melhorar o vocabulário não nos torna apenas mais inteligentes – na verdade, desenvolve nossa capacidade de pensar.

O PODER DA EXPRESSÃO

O mundo que vemos à nossa volta é colorido pela nossa capacidade de categorizar e descrever. É muito mais fácil descrever algo com precisão se soubermos usar as palavras certas. Por exemplo, se conhecemos o significado da palavra "apreender" ("assimilar mentalmente, entender com profundidade"), temos acesso a um conceito diferente, embora similar na grafia, de "aprender". Um vocabulário mais rico torna a organização do pensamento mais fácil.

Usamos as palavras como rótulos para as coisas que conhecemos; portanto, quando melhoramos nosso vocabulário, tornamo-nos mais aptos a compreender, analisar e apreciar o mundo ao redor. Se soubermos o significado da palavra "neutrino", teremos mais chances de usá-la. A aprendizagem de vocábulos novos nos leva a conhecer melhor o mundo.

CAPACIDADES NATURAIS DE LINGUAGEM

Todos nós nascemos com habilidades de linguagem. Formamos nossas capacidades de escuta e discurso nos anos iniciais da vida, por isso é tão importante aquilo a que somos expostos quando crianças. Se não tivermos contato com certos sons de determinada língua, porque nossos pais não a falam, por exemplo, acharemos difícil distinguir esses sons mais tarde. É muito mais fácil entender conceitos-chaves de gramática e estrutura linguística na infância.

Embora aprender os fundamentos de uma língua possa parecer uma tarefa simples, desenvolver a riqueza de expressões é uma atividade para a vida toda. A leitura é uma excelente fonte para o desenvolvimento do cérebro – e ler livros e artigos sobre assuntos a que não estamos familiarizados pode ser especialmente benéfico, pois dessa forma nos expomos a palavras, conceitos e fatos com que não estamos acostumados. Essa informação nos ajuda a criar novas associações, mesmo entre coisas já conhecidas, e estender a rede de ideias e conhecimentos na mente.

COMO DESENVOLVER A CAPACIDADE DE DISCURSO

Não importa se seu objetivo é desenvolver a capacidade de leitura, escrita ou fala e discurso, certos conceitos fundamentais são aplicados em todas as áreas.

Concisão e estrutura são importantes para a compreensão básica. Assim, quando ler, procure passar os olhos sobre o texto para captar a ideia central. Ao escrever ou falar, use frases curtas e organizadas, fáceis de seguir.

Faça anotações para lembrar o que leu ou ouviu e tente descobrir sinônimos ou maneiras alternativas de se expressar quando escrever ou falar – assim seu discurso será mais interessante, mais claro e você manterá a agilidade mental.

Tente aprender um novo idioma, especialmente um que seja pouco ou nada parecido com a sua língua materna. Assim, você conhecerá novos conceitos, ideias e maneiras de se expressar.

HABILIDADES VISUAL E ESPACIAL

Conseguir visualizar e transformar objetos mentalmente pode parecer um exercício artificial, mas praticar essa habilidade vai ajudá-lo a desempenhar várias atividades, como dirigir até uma cidade estranha, planejar o desenho da sua cozinha e diversas outras coisas.

IMAGENS NA CABEÇA

Feche os olhos e pense em uma banana. O que lhe vem à mente primeiro? Não é o gosto da fruta, mesmo que muitos digam que essa é a principal característica da banana. Você provavelmente pensou em um objeto curvo e amarelo – talvez nem tenha pensado especificamente na fruta. Isso ocorre porque em geral reconhecemos uma banana pela forma.

Somos muito mais conscientes do aspecto visual das coisas do que imaginamos. Lembramos de já ter visto as pessoas antes, mesmo que não saibamos quem são, e temos mais condições de identificar a área externa de um prédio quando já conhecemos seu interior. Ao vermos uma fotografia que tiramos anos antes, conseguimos reconhecê-la na hora. Se pararmos para pensar nisso, veremos que essa é uma capacidade maravilhosa – com quantos milhares de imagens deparamos ao longo dos anos?

A IMPORTÂNCIA DE TRANSFORMAR AS IMAGENS

Conseguimos evocar as imagens na mente com muita facilidade, mas girá-las ou transformá-las na cabeça é mais difícil. Isso porque estamos acostumados a ver as coisas em determinadas posições. Portanto, a posição de um objeto é um componente importantíssimo de sua descrição.

Isso se deve em grande parte à gravidade – no mundo real, sabemos a posição da maioria das coisas. De modo similar, é difícil imaginar como elas seriam se as olhássemos do chão. Nos dias de hoje, contudo, a consciência espacial é uma habilidade muito importante. Quando dirigimos, precisamos transformar o que vemos no nível do chão em uma imagem presumível de como a estrada seria se a observássemos do espaço: se estamos em alta velocidade, é essencial identificar rapidamente esquinas e obstáculos que aparecem pelo caminho.

Ter noção das imagens refletidas é outra habilidade vital – perceber, pelo retrovisor, em que pista está o carro de trás pode salvar nossa vida.

COMO DESENVOLVER A PERCEPÇÃO ESPACIAL

Os exercícios a seguir vão testar sua capacidade de transformação visual e de imaginação – aqui você descobrirá do que é capaz.

- Da próxima vez que sair de férias, tente imaginar a disposição das malas no carro antes de colocá-las no veículo. Qual é a maneira mais eficiente de acomodar tudo no automóvel?
- Desenhe um objeto ao olhar seu reflexo em um espelho ou tente copiar a figura, mas antes gire-a um quarto de volta em relação ao original ou vire-a de cabeça para baixo. Montar um quebra-cabeça também é um ótimo exercício para praticar a rotação de objetos.
- Observe um objeto, feche os olhos e procure imaginá-lo detalhadamente. Abra os olhos, compare o que imaginou com o objeto real e veja o que errou. Tente repetir o exercício mais tarde.
- Visualize um papel dobrado em forma de avião, depois tente fazer a dobradura com um papel. Invente novos formatos mentalmente. Essa atividade o ajudará a desenvolver a capacidade de observação.

COMO DESENVOLVER HABILIDADES NUMÉRICAS

Há pessoas que são apaixonadas por números, outras os odeiam, mas todos nós temos de lidar com eles. Felizmente, há vários truques para facilitar os cálculos e até para nos deixar mais confiantes para resolver grandes contas mentalmente.

O EFEITO DA NATUREZA

Em nosso passado evolucionário, eram raras as situações em que precisávamos resolver contas que tivessem mais de dois dígitos. Talvez por isso nosso cérebro tenha evoluído pouco no que diz respeito ao cálculo de números grandes e apresente dificuldade em compreender contas excepcionalmente complexas. Nossa compreensão intuitiva de probabilidade também é ruim – isso pode explicar a existência e a popularidade dos cassinos!

MAIS OU MENOS?

Em geral, na vida diária precisamos apenas fazer cálculos aproximados – verificar rapidamente o troco na loja ou descobrir se a oferta "leve três e pague dois" do produto em tamanho menor é mesmo um bom negócio. Quando não necessitamos de uma resposta precisa, não devemos perder tempo procurando-a. Mesmo se for necessária a precisão, saber só avaliar se sua estimativa é boa ainda é uma capacidade que vale a pena dominar (ver página ao lado).

O CASSINO DA MENTE

Se jogarmos uma moeda para cima, só haverá dois resultados possíveis: "cara" ou "coroa". Não importa o resultado, sempre pensamos que da próxima vez teremos mais chance de tirar o resultado oposto. Infelizmente, isso não é verdade. O cérebro não foi "projetado" para jogos de azar – em vez disso, ele prevê os resultados com base em experiências passadas; neste caso, que o número de resultados "cara" e "coroa" será o mesmo. O problema

CÁLCULO RÁPIDO

Fazer estimativas é um bom exercício cerebral e uma habilidade prática muito útil. Não serve somente para manipular os números com mais facilidade: esse tipo de "adivinhação aprendida" também nos incentiva a pensar em diferentes abordagens de uma questão ou problema.

Calcule aproximadamente quanto é 1 × 2 × 3 × 4 × 5 × 6 × 7 × 8 × 9.

Qual é sua resposta? Você provavelmente pensou em um número com três ou até quatro dígitos: talvez 2.000 ou quase isso. Na verdade, a resposta é 362.880. Se lhe pedissem para adivinhar o resultado de 9 × 8 × 7 × 6 × 5 × 4 × 3 × 2 × 1, você possivelmente pensaria em um número maior, o que mostra quão desencorajador é nosso instinto quando se trata de números.

Como podemos fazer estimativas com mais sucesso?

- Comece pelos números mais importantes (geralmente os mais altos).
- Arredonde os números para cima ou para baixo para simplificar. No exemplo acima, arredonde para o múltiplo de 10 mais próximo (isto é, 5-9 para 10, 1-4 para 0) e ignore os 0, o que dá 10 × 10 × 10 × 10 × 10 = 100.000, uma estimativa bem mais próxima.
- Quando for lidar com dinheiro, arredonde os dígitos depois das casas decimais para números inteiros – se tiver mais ou menos a mesma quantidade de frações maiores e menores, assim o resultado será próximo do real. Se todos terminarem em, digamos, 95, arredonde-os para cima e faça uma pequena correção depois, se necessário.

é que, apesar de essa ser uma boa regra para prever como a moeda vai se comportar em média, não serve para prever o próximo resultado.

Confundimos os eventos do passado com os do futuro. Olhando para o futuro, há uma excelente chance de tirarmos pelo menos um "cara" se jogarmos a moeda dez vezes (na verdade, 1.023 em 1.024); mas, se depois de a termos jogado nove vezes só tivermos tirado "coroa", a probabilidade de sair "cara" na décima jogada volta a ser igual (1 em 2).

De modo geral, o cérebro compreende melhor as frequências que as probabilidades. Como sabemos que tirar "cara" ou "coroa" é igualmente frequente, o importante é entender que as frequências são mais bem utilizadas para avaliar séries de eventos do que apenas um evento isolado.

PROBABILIDADES DE SUCESSO

O conceito de probabilidade pode ser intimidante, mas é essencial. Tudo o que você precisa saber é que a chance é igual ao número de vezes em que o evento pode ocorrer dividido pelo número de resultados possíveis. Assim, a probabilidade de jogar uma moeda e obter o resultado "cara" é 1 em 2 – isto é, 1 evento (cara) em 2 resultados possíveis (cara e coroa). Do mesmo modo, quando jogamos um dado, temos 6 lados possíveis, portanto há 1 em 6 chances de o resultado ser 3. Se jogarmos dois dados, só teremos um evento cujo resultado é 12 (6 e 6), dentro de 36 resultados possíveis (6 do primeiro dado multiplicado por 6 do segundo), resultando em uma probabilidade de 1/36.

De modo geral, para descobrir a probabilidade de uma sequência de eventos, apenas multiplique a soma das probabilidades individuais – como no exemplo acima, em que calculamos a chance de um dado dar 12 ($1/6 \times 1/6 = 1/36$). Para descobrir a probabilidade de uma série de alternativas, some-os – assim, por exemplo, a chance de dar 3 ou 4 no primeiro dado é 1/6 mais 1/6 = 2/6. Às vezes, calcular o evento oposto ou inverso é mais fácil – neste caso, apenas subtraia o evento inverso de 1 (a chance de não tirar 3 é 1 menos 1/6 = 5/6).

TRANSFORMAÇÕES

Há várias técnicas para lidar com os números de modo mais fácil.

- Se você puder, simplifique os problemas. Se for multiplicar um número por 6 e depois dividi-lo por 2, multiplique-o por 3 (6 dividido por 2). Observe e projete os números, assim se poupará de um esforço desnecessário.
- Reformule os problemas. Por exemplo, quando fizer uma soma, comece pelos números maiores – é mais fácil somar números mais baixos aos maiores.
- Quando for estimar a probabilidade de um evento, tente imaginar sua ocorrência várias vezes. Por exemplo, se for calcular a probabilidade de um evento como jogar uma moeda para cima ou lançar um dado, em vez de considerar que o evento ocorra apenas uma vez, imagine que ele aconteça cem ou mesmo mil vezes. Assim fica mais fácil visualizar as tendências intuitivamente.

FAÇA CONTAS NO DIA A DIA

Mesmo as atividades mais simples podem oferecer grandes oportunidades para testarmos a agilidade mental.

- Quando for pagar a conta no caixa do supermercado, tente calcular o total de cabeça antes de ver o recibo. Você chegou perto do resultado correto?
- Quando estiver dirigindo, calcule o consumo de combustível ou o tempo e a velocidade média do percurso.

PENSE MELHOR E SEJA MAIS RACIONAL

A chave para desenvolver as habilidades racionais é pensar de maneira lógica – comece pelos fatos, até descobrir os resultados passo a passo. Para nos concentrarmos na realidade, é preciso reconhecer quando nossas pré-concepções instintivas podem nos levar ao caminho errado.

DEIXE A LÓGICA COMANDAR

O cérebro é uma máquina de aprender maravilhosa, e não há nada melhor que identificar padrões e inferir associações. Infelizmente, essas associações nem sempre são verdadeiras. Aplicamos, de maneira errada, generalizações a casos individuais: por exemplo, deixamos que o nome de uma pessoa influencie a ideia que fazemos dela ou, quando assistimos ao noticiário na televisão, consideramos as pessoas bem-vestidas e que saem bem no vídeo melhores que as outras. Em geral, aplicamos o raciocínio retroativo e julgamos políticas inteiras por meio de simples frases ou avaliamos se uma pessoa é confiável por suas expressões faciais.

O primeiro passo para evitar esses problemas é tomar consciência deles. Ao pensar em um assunto, observe se seus argumentos se baseiam em um fato observado ou em suposições e generalizações vagas aplicadas a casos individuais.

INSTINTO DE SUPERAÇÃO

Com bastante frequência, tiramos conclusões precipitadas e tomamos decisões rápidas com base em premissas pouco precisas. Depois perdemos tempo defendendo as suposições iniciais que substituíram o uso da razão na hora de avaliar determinado assunto. Assim como as respostas instintivas podem eventualmente estar corretas ou de acordo com o que decidiremos mais tarde, também podem ser menos precisas que o simples ato de lançar um dado. Em geral, superestimamos nossa capacidade de usar a intuição de maneira correta porque valorizamos os momentos em que estamos certos e nos esquecemos rapidamente de quando estamos errados.

Para superar o impulso de justificar nossos instintos mais íntimos, é bem melhor tentar não tirar conclusão alguma nem tomar nenhuma decisão temporária até dominarmos totalmente a lógica da situação.

FORCE-SE A PENSAR

Usar a lógica não implica necessariamente muito trabalho – na verdade, se você se organizar mentalmente, o pensamento lógico o ajudará a trabalhar mais rápida e facilmente. Em vez de enfrentar cegamente um problema, analise-o por completo e veja se é possível dividi-lo em tarefas menores. Fazer anotações ou desenhar diagramas pode ser útil. Tente descobrir atalhos para reduzir a quantidade de trabalho.

Procure usar sua experiência. Veja se é possível transformar o problema em algo que você já tenha vivenciado, assim poderá aplicar à situação um pouco do seu conhecimento adquirido.

Procure inspiração em lugares inusitados. Invente deliberadamente soluções bobas – isso pode trazer à tona novas abordagens.

Quando assistir ao noticiário na televisão, desenvolva julgamentos próprios sobre assuntos controversos. A opinião de um repórter nem sempre está correta – em alguns casos, pode ser parcial ou conter apenas um pouco mais de informação que a sua. Questione tudo. As crianças aprendem rapidamente sobre o mundo ao perguntar constantemente "Por quê?". Você pode fazer a mesma coisa.

TÉCNICAS PARA DESENVOLVER A MEMÓRIA

A boa memória é um sinal fundamental de que a mente está em forma. Com a prática, é possível alcançar avanços que durarão anos. Você pode treinar a memória de curta e de longa duração com técnicas simples e comprovadas.

CONCENTRAÇÃO

Para lembrar-se de algo, é necessário concentração. Podemos esquecer facilmente o enredo de um romance ou o resumo de um artigo de jornal se estivermos prestando atenção na televisão enquanto lemos. Podemos até esquecer onde paramos o carro se estivermos absortos em outra coisa ao estacionar.

Para fixar uma informação na memória, é preciso fazer um esforço consciente e avisar o cérebro de que vale a pena recordar aquilo. Tente dizer em voz alta, escrever ou sublinhar as coisas de que precisa se lembrar – você logo descobrirá um método que funcione bem. E repita a tarefa depois. Procure desafiar-se a lembrar as coisas que costuma anotar, como itinerários para um local, listas de compras, números de telefone e até nomes de pessoas.

COMO FAZER ASSOCIAÇÕES

Você já tem muitos conhecimentos sobre o mundo. Se fizer associações entre esses conhecimentos, reduzirá a quantidade de informações necessária para novos aprendizados. Isso pode funcionar de diferentes maneiras para vários tipos de coisas que deseje recordar.

Se quiser lembrar a aparência de um objeto, tente encontrar uma similaridade entre o objeto novo e outro existente e estabeleça uma

OPERAÇÃO NUMÉRICA

As associações funcionam também para os números. Divida um número em sequências menores que signifiquem algo para você, assim haverá menos itens a ser lembrados, especialmente se você puder estabelecer uma relação entre um número e o próximo. Por exemplo, para lembrar do número 421.975, posso pensar nele como sendo "42, o sentido da vida (de acordo com o livro *O guia do mochileiro das galáxias*)", e "1975, o ano em que nasci". Assim, se eu pensar na frase "O sentido da vida é meu nascimento", lembrarei do número 421.975 – e o humor dessa frase meio boba ajuda a memorizá-la melhor.

ligação entre ambos. Para lembrar o nome de uma pessoa, procure fazer uma associação entre sua aparência e seu nome – por exemplo, se ela for alta e se chamar João, pense em algo como "João Grandão". Se a ideia lhe parecer boba e você não tiver coragem de repeti-la na frente da pessoa, melhor ainda!

TORNE OS ACONTECIMENTOS RELEVANTES

No capítulo 1, vimos como as emoções ajudam a memorizar os acontecimentos, fazendo com que o cérebro os classifique como importantes. É muito mais fácil recordar histórias escritas e emocionantes do que fatos ocorridos, por isso nos lembramos das histórias de que gostamos anos depois de ouvi-las pela primeira vez e às vezes esquecemos quase tudo o que lemos. Para se lembrar das notícias que leu no jornal ou viu na televisão, tente imaginar como se sentiria se esses problemas acontecessem com você. Ao associar deliberadamente a informação que deseja lembrar a suas emoções, você ajuda a "convencer" o cérebro a transferi-la para a memória de longa duração.

CAPÍTULO 4

EXERCÍCIOS INTERMEDIÁRIOS

Exercícios verbais 2 66

Exercícios visuais e espaciais 2 69

Exercícios numéricos 2 73

Exercícios de lógica e raciocínio 2 76

Exercícios para a memória 2 79

Respostas 83

Nesta nova seção de exercícios, voltaremos às mesmas habilidades testadas no capítulo 2, porém os desafios serão maiores. Tente reservar algum tempo para solucioná-los e não se distrair, assim se concentrará apenas nos exercícios. Lembre que a concentração é essencial para pensar de modo eficaz. As respostas serão dadas, mais uma vez, no final do capítulo e muitas contêm também explicações sobre como chegar à resposta. Se você achar algum exercício muito difícil ou não conseguir solucioná-lo, observe bem a resposta e depois tente fazê-lo novamente – esse é um jeito eficiente de guardar na mente uma nova técnica de solução de problemas.

EXERCÍCIOS VERBAIS 2

É hora de colocar à prova suas habilidades verbais desenvolvidas.

ENCONTRE A FRASE *(respostas na página 83)*

Há seis provérbios escritos abaixo, mas temos apenas a primeira letra de cada palavra. Você consegue descobrir quais são os provérbios?

1 E M P Q R
2 A T D Q N
3 C M G D P N S R
4 U E P D E B E T E D
5 M V U P N M D Q D V
6 D A A Q C M

LETRAS DO ESPAÇO *(respostas na página 83)*

Em cada uma dessas frases incomuns, uma mesma letra foi substituída várias vezes por um ponto de interrogação e todos os espaços foram removidos. Você pode descobrir quais são as frases originais?

1 a?lautade?i?i?lutua?ácilpela?an?arra
2 ?a?ai?ensandono?reci?ício?arece?ro?ício
3 opinta??ilgo?en?ível e?piacom?uce??ode?o?laio
4 ?u?u?esceuan?an?ocom?ificul?a?ea?una?aci?a?e
5 o?atode?ica?do?óia?olhaa??oxeada

PALAVRAS QUEBRADAS *(respostas na página 83)*

Os fragmentos de letras nas linhas abaixo podem ser rearranjados e reunidos para formar uma palavra. Você consegue unir as letras de novo?

1	AP	EL	AR	HO	
2	CUL	DI	DA	FI	DE
3	TI	DO	AN	TO	
4	PAC	IM	IE	NC	IA
5	DE	CEN	NTE	TRA	NS

QUAL PALAVRA NÃO PERTENCE AO GRUPO 2 *(respostas na página 83)*

Você consegue descobrir qual palavra não pertence a cada grupo de palavras abaixo? Para resolver este desafio, não é preciso nenhum conhecimento geral.

Acém	Profundo	Carro
Biópsia	Amor	Amarrado
Aceno	Ramo	Macarrão
Céu	Rato	Setenta
Fel	Tora	Errado

TODA LETRA IMPORTA *(respostas na página 83)*

Você consegue ler as palavras com rapidez? Conte quantas vezes a letra em negrito aparece nas frases abaixo – o mais rápido que puder.

C O cantor canta com carinho uma canção.

B O bebê bate na bola com um bilboquê.

D Davi só gosta de dirigir durante o dia e descansado.

R Roberto riu do ronco do motor do carro.

A Amanda adora andar de patins antes da escola.

S O suposto assassino assegura sua segurança.

SOBE-E-DESCE DE PALAVRAS *(respostas na página 84)*

Você consegue subir cada um dos degraus de palavras? Suba do primeiro ao último degrau trocando apenas uma letra da palavra a cada passo. Por exemplo, você pode subir de GATO para RALO usando o degrau RATO.

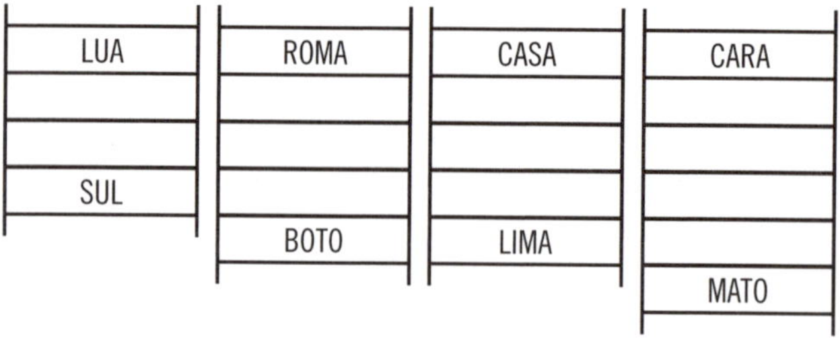

VOCÊ ME ENTENDEU? *(respostas na página 84)*

Leia o texto abaixo apenas uma vez e responda às seguintes perguntas:

> Adoro arte moderna – a pintura abstrata. Ela é muito melhor que qualquer coisa mais antiga, que é pura porcaria. Com exceção da arte realmente antiga – sou fascinado pelos hieróglifos egípcios. Gosto principalmente da arte do Médio Império, de cerca de 2000 a 1750 a.C. – da 11ª e da 12ª dinastias. Não me interesso pelas que vieram depois. Os egípcios mantiveram o roxo como a cor real – eu amo tudo o que é roxo.

1 O que eu acho da pintura dos mestres holandeses do século 18?
2 Qual é minha opinião sobre a 15ª dinastia?
3 O ano de 1875 a.C. é classificado como que período dinástico?
4 Do que eu gosto na arte egípcia?
5 Gosto de violetas?

EXERCÍCIOS VISUAIS E ESPACIAIS 2

Tente resolver estes exercícios sem a ajuda de uma caneta ou lápis e sem girar o livro ou usar um espelho.

DESCUBRA A ROTAÇÃO *(respostas na página 84)*

Observe a figura à direita. Se você girasse o desenho em meia rotação (180º), qual das imagens abaixo corresponderia ao resultado?

A

B

C

DESCUBRA O REFLEXO *(respostas na página 84)*

Qual das três imagens abaixo corresponde ao reflexo no espelho da figura à direita?

A

B

C

CONTE AS FORMAS *(respostas nas páginas 84 e 85)*

Observe as formas e responda às questões a seguir o mais rápido possível. Este é um bom exercício para testar suas habilidades de reconhecimento visual e também sua concentração e memória.

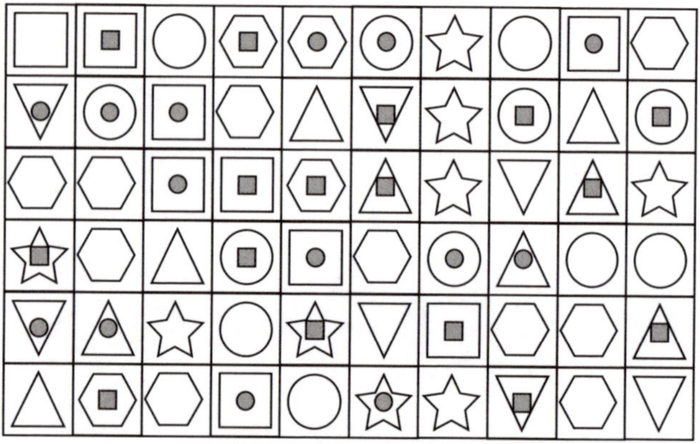

1 Quantas combinações diferentes de formas internas e externas você pode encontrar? Conte os triângulos verticais e invertidos como formas diferentes.

2 Quantas fileiras ou colunas têm três ou mais formas internas iguais?

3 Quantos pares de formas internas horizontal ou verticalmente adjacentes você consegue encontrar?

4 Quantos círculos são imediatamente adjacentes a um quadrado? Considere as formas internas e externas.

5 Quantas fileiras ou colunas *não* contêm pelo menos um círculo, triângulo, estrela, quadrado ou hexágono de qualquer tamanho ou formato?

DIFERENÇAS DE CABEÇA PARA BAIXO *(respostas na página 85)*

Encontrar as dez diferenças entre as duas imagens projetadas no espelho.

FORMAS MARAVILHOSAS *(respostas na página 85)*

Você consegue descobrir uma maneira de percorrer este labirinto do começo ao fim? Comece pelo quadrado inferior à esquerda e mova-se para qualquer outro quadrado na mesma linha ou coluna em que haja a mesma forma ou o mesmo número. Repita a operação a cada novo quadrado até alcançar o topo do labirinto à direita.

Para que o desafio seja ainda maior, faça o menor número possível de movimentos para ir de um quadrado a outro semelhante até completar o labirinto.

EXERCÍCIOS NUMÉRICOS 2

Chegou a hora de dividir, multiplicar e, tomara, superar o desafio.

AGRUPE OS NÚMEROS *(respostas na página 86)*

Quantas sequências de números adjacentes você consegue descobrir na lista cuja soma resulte em 10?

1 3 4 3 3 2 5 8 4 3 9 2 5 4 3 2 5 1 6 3 7 8 2 2 5 3 1 1 4 6 5 8 3 2

E quantas sequências de números que, multiplicados, resultem em 20 ou 30 você consegue encontrar?

EQUILÍBRIO DE FORÇAS *(respostas na página 86)*

No diagrama abaixo, os quadrados cinza representam cinco pesos de 1, 2, 3, 4 e 5 gramas. O triângulo laranja é um fulcro (centro de equilíbrio). O efeito de cada peso é proporcional à sua distância do fulcro multiplicada pelo valor do próprio peso. Assim, por exemplo, o efeito de um peso de 2 gramas na coluna mais à esquerda (a 4 unidades do centro) é de 4 unidades × 2 gramas = 8. Insira um dos cinco pesos dados em cada um dos quadrados cinza de modo que os dois lados fiquem em equilíbrio.

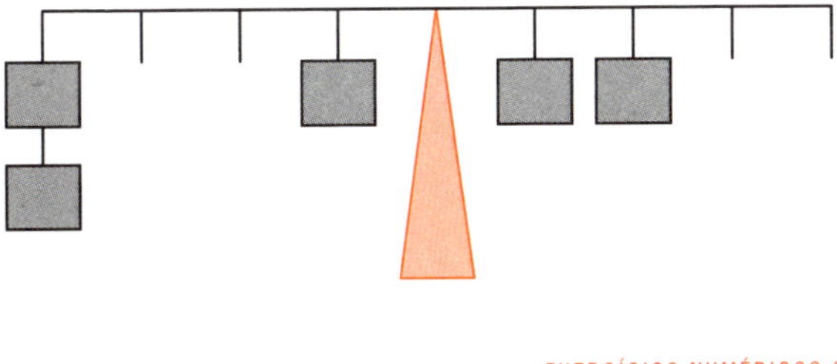

(NÃO) FAÇA AS CONTAS *(respostas na página 86)*

Quanto tempo você leva para arrumar cada um dos grupos abaixo em ordem numérica crescente? Escreva 1, 2, 3 e assim por diante ao lado de cada item do grupo para indicar suas respostas. Em alguns casos, você conseguirá cumprir a tarefa com mais rapidez se estimar aproximadamente os valores.

1 Metade de 12 40% de 99 O dobro de 20 25% de 50

2 1×3 $2 + 4$ 5×7 3×8 $4 - 2$ 9×1 5×5

3 $3 + 4 + 5$ $3 \times 4 \times 5$ $5 - 4 + 3$ $3 + 4 - 5$ $3 \times (4 + 5)$ $(3 + 4) \times 5$

4 42×3 145×735 $265 + 1{,}240$ 132×99 $10{,}243$

NÚMERO DA SORTE *(respostas na página 86)*

Use os números abaixo como referência para responder às questões a seguir:

3 8 12 17 21 24 25

1 Você consegue descobrir dois números cujo resultado da soma seja um terceiro?
2 Você consegue descobrir dois números que multiplicados resultem em um terceiro?
3 Quantos desses números são primos (divisíveis somente por eles mesmos e por 1)?
4 Qual é a soma dos sete números?
5 Quantos números são múltiplos de 3 ou 7?

MEDO DE ALTURA – E DE NÚMEROS *(respostas na página 87)*

Você consegue terminar de construir esta pirâmide de números? Cada tijolo deve conter um número igual à soma dos dois tijolos situados logo abaixo. Por exemplo, se escolhermos o 5, localizado na penúltima fileira à direita, veremos que o quadrado logo abaixo contém o número 2, portanto o outro quadrado vazio ao lado deve ser o 3.

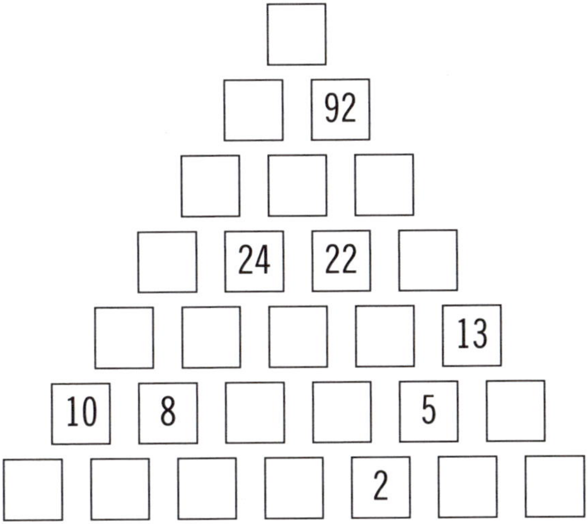

EXERCÍCIOS DE LÓGICA E RACIOCÍNIO 2

Agora chegou o momento de enfrentar desafios mais complexos.

JUNTE AS FORMAS *(respostas nas páginas 87 e 88)*

Você consegue preencher cada tetraminó (grupo de quatro quadrados) com círculos, estrelas ou triângulos de modo que dois tetraminós com as mesmas figuras não se toquem?

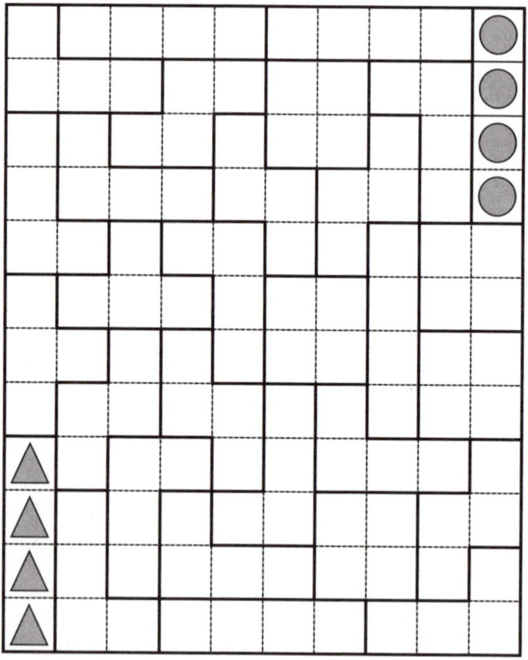

DÊ A VOLTA *(respostas na página 88)*

Você consegue completar este jogo conhecido como Slitherlink? Una os pontos adjacentes com linhas horizontais ou verticais de modo que cada quadrado contendo um número fique rodeado pelas linhas. O objetivo é desenhar uma grande volta, que não pode encostar nem cruzar em si mesma. Atenção para não deixar pontas soltas ou pedaços desconectados.

O exemplo abaixo ajuda a entender melhor o jogo:

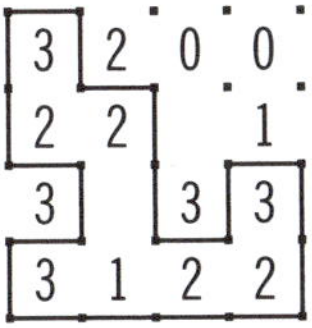

	1	3	2	2	2	1	3
3		2	3		2	3	2
1	2	2	1		1	1	2
2	3	2	2		3		3
1		2		2	1	1	2
1	1	3		3	2	1	2
2	2	2		2	3		2
3	2	3	2	1	2	2	

FÁCIL COMO O ABC

(respostas na página 88)

Você consegue encaixar as letras A, B e C em todas as linhas e colunas abaixo sem repeti-las? Alguns quadrados podem ficar vazios. As letras fora do quadro indicam qual letra está mais próxima da extremidade da linha ou da coluna. Por exemplo, B é a primeira letra da 2ª linha.

	C			A	C	
B						C
						C
A						
	B			B		

PENSE BEM *(respostas na página 89)*

Leia as sentenças abaixo e verifique quais conclusões estão corretas e quais estão erradas em cada frase.

1 **Se eu jogar uma moeda 25 vezes, tirarei cara em todas as vezes.**
a Os dois lados da moeda são cara.
b Tenho muita sorte.

2 **Estou sentado à sombra e o sol está a leste.**
a Minha sombra está a oeste de mim.
b É de manhã.

POMAR *(respostas na página 89)*

Cinco fazendeiros planejam a colheita de frutas. Com base nas frases abaixo, descubra a quem pertence cada pomar e em que mês as frutas devem ser colhidas.

Fazendeiros: Márcio, Augusto, Antônio, Astolfo e Geraldo
Frutas: maçãs, cerejas, laranjas, framboesas e morangos
Meses: junho, julho, agosto, setembro e outubro

- As framboesas são colhidas antes dos morangos.
- O fazendeiro Augusto, que não cultiva cerejas, colhe suas frutas antes de Antônio.
- As cerejas são colhidas antes dos morangos do fazendeiro Astolfo.
- O fazendeiro Márcio, que não cultiva maçãs, colhe suas frutas em agosto.
- A colheita de outubro é de laranjas, mas não pertence ao fazendeiro Geraldo.

EXERCÍCIOS PARA A MEMÓRIA 2

Agora vamos testar sua capacidade de recordar – não apenas palavras, mas também números e formas. Você vai precisar de um cronômetro.

TABELA DE NÚMEROS

Observe a tabela que contém os números de 1 a 20 por dois minutos. Quando o tempo acabar, cubra os números e tente reproduzir a ordem na tabela vazia abaixo. Avalie como os números estão posicionados em relação uns aos outros e tente encontrar um padrão.

12	18	8	7	5
19	13	16	1	2
9	15	11	10	17
14	20	4	3	6

ORDEM DAS PALAVRAS

Cubra a página abaixo da tabela de palavras. Estude as palavras por dois minutos, cubra-as e descubra a tabela vazia. Abaixo dessa tabela há palavras escritas em ordem diferente. Escreva-as na tabela na ordem correta.

Derrogatório	Gazetagem	Objetificar	Demonstrar
Protestar	Dignidade	Transformação	Interlúdio
Paródia	Entretenimento	Montagem	Sofisma
Fatura	Obscurecer	Sesquipedal	Entidade

Montagem sesquipedal obscurecer; sofisma – entretenimento entidade. Demonstrar gazetagem. Objetificar derrogatório paródia! Protestar dignidade. Transformação, interlúdio. Fatura.

FORMAS EM FORMA

Observe as formas por dois minutos, cubra-as e veja as formas em diferentes posições no início da próxima página. Quantas formas faltam? Desenhe as que faltam.

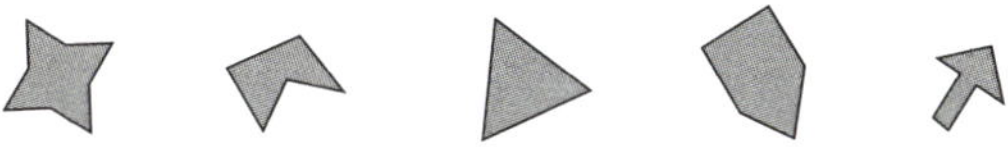

MEMÓRIA EM PARES

Observe por um minuto o quadro que contém pares de palavras semirrelacionadas. Cubra o quadro e observe a outra lista com apenas uma palavra de cada par. Você consegue lembrar a segunda palavra do par?

Maçã e laranja	Cenoura e abóbora
Frente e direita	Norte e oeste
Exterior e externo	Triunfo e vitória
Triste e preocupado	Investigar e xeretar
Baixo e descendente	Azul e ultravioleta
Triunvirato e dualidade	Principal e rejeitado

Investigar	Cenoura
Oeste	Descendente
Maçã	Direita
Exterior	Principal
Preocupado	Triunfo
Azul	Dualidade

MEMÓRIA VISUAL

Observe o modelo à esquerda por um minuto, cubra a figura e tente desenhá-la nos pontilhados à direita.

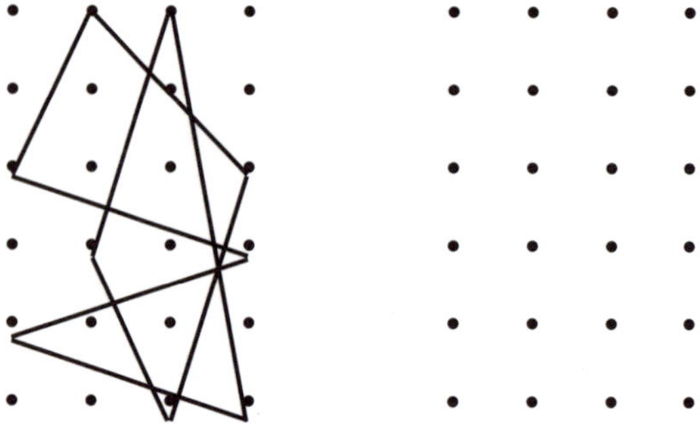

OBJETOS PERDIDOS

Cubra a lista abaixo da tabela de palavras. Observe bem as palavras da tabela pelo tempo que achar necessário; cubra a tabela e descubra os itens que faltam na lista abaixo (as palavras estão em ordem).

Identidade	Chave inglesa	Hamster	Lamparina
Cadeira	Caixa de correio	Lápis	Peixe dourado
Carro de corrida	Câmera	Bambu	Telefone
Livro	Lua	Maçã	Macaco

Quais objetos faltam na lista a seguir?

Chave inglesa, cadeira, caixa de correio, carro de corrida, telefone, livro, maçã e macaco.

RESPOSTAS: VERBAIS 2

Encontre a frase

1 É melhor prevenir que remediar
2 Antes tarde do que nunca
3 Com muita gente dando palpite, nada se resolve
4 Um é pouco, dois é bom e três é demais
5 Mais vale um pássaro na mão do que dois voando
6 Deus ajuda a quem cedo madruga

Letras do espaço

1 **?=F**: A flauta de Fifi flutua fácil pela fanfarra
2 **?=P**: Papai pensando no precipício parece propício
3 **?=S**: O pintassilgo sensível espia com sucesso de soslaio
4 **?=D**: Dudu desceu andando com dificuldade a duna da cidade
5 **?=R**: O rato de Ricardo rói a rolha arroxeada

Palavras quebradas

1 APARELHO 2 DIFICULDADE 3 ANTÍDOTO 4 IMPACIÊNCIA 5 TRANSCENDENTE

Qual palavra não pertence ao grupo 2

Biópsia: as letras de todas as outras palavras estão em ordem alfabética.
Profundo: as demais são anagramas.
Setenta: todas as palavras contêm dois "r".

Toda letra importa

C=5, **B**=6, **D**=6, **R**=7, **A**=11, **S**=10

Sobe-e-desce de palavras

LUA → NUA → SUA → SUL

ROMA → ROTA → LOTA → LOTO → BOTO

CASA → CAMA → LAMA → LEMA → LIMA

CARA → CARO → CANO → PANO → PATO → MATO

Algumas escadas têm mais de uma opção de resposta. Veja quantas outras você consegue descobrir além da publicadas acima.

Você me entendeu?

1 Acho uma porcaria. (É arte antiga.)

2 Não me interessa. (É uma dinastia mais antiga.)

3 O Médio Império.

4 Dos hieróglifos.

5 Sim. (Adoro tudo o que é roxo.)

RESPOSTAS: VISUAIS E ESPACIAIS 2

Descubra a rotação

B Não é a C porque as estrelas estão empilhadas na ordem errada (a maior deve ficar embaixo).

Descubra o reflexo

A Na B e na C, a concha ou a antena estão viradas para o lado errado.

Conte as formas

1 Há 12 combinações de formas externas e internas, mais 6 formas vazias. Será mais fácil contar as formas se você começar pelas externas e depois procurar as internas diferentes.

2 5 fileiras (todas menos a penúltima) e 2 colunas (a 2ª e a 7ª).

3 10 vezes (7 nas fileiras e 3 nas colunas).

4 20, incluindo os dois círculos das células que contêm círculos internos e externos.

5 1 fileira e 5 colunas. Será mais fácil contar se você começar pelos hexágonos e depois for para as estrelas, que são poucas.

Diferenças de cabeça para baixo

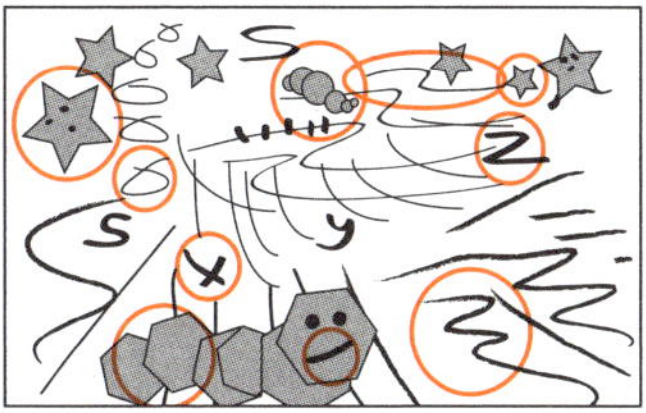

Formas maravilhosas

A resposta mais curta requer 15 passos. Uma das possibilidades é:

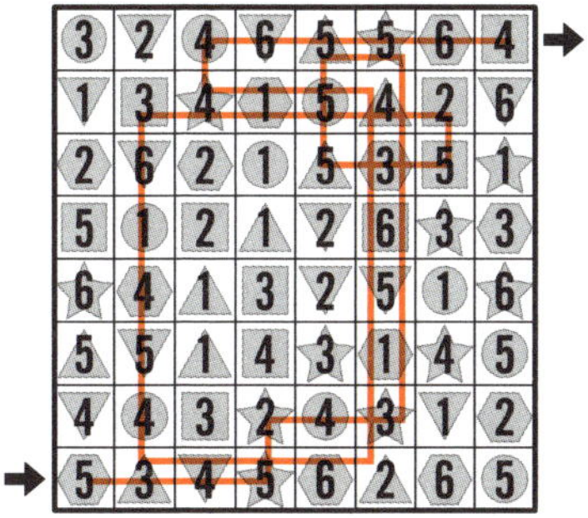

EXERCÍCIOS: NUMÉRICOS 2

Agrupe os números

10 sequências: 3 + 4 + 3, 4 + 3 + 3, 3 + 2 + 5, 3 + 2 + 5, 1 + 6 + 3, 3 + 7, 8 + 2, 2 + 5 + 3, 5 + 3 + 1 + 1, 4 + 6.

9 sequências: para 20, 5 × 4 e 2 × 2 × 5; e 30, 3 × 2 × 5, 3 × 2 × 5, 5 × 1 × 6, 2 × 5 × 3, 2 × 5 × 3 × 1, 2 × 5 × 3 × 1 × 1 e 6 × 5.

Equilíbrio de forças

Há duas possibilidades para este jogo:

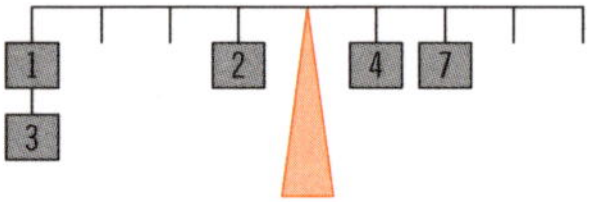

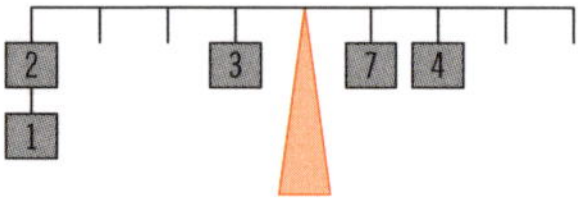

(Não) faça as contas

1 A ordem é 1, 3, 4 e 2. Não calcule 40% de 99 – você só precisa saber que deve ser (um pouco) menor que "o dobro de 20".

2 A ordem é 2, 3, 7, 5, 1, 4 e 6.

3 A ordem é 3, 6, 2, 1, 4 e 5.

4 A ordem é 1, 5, 2, 4 e 3. Mais uma vez, não faça as contas. O segundo número (145 × 735) é visivelmente o maior. Depois, o resultado de 132 × 99 deve ser muito próximo ao resultado de 132 × 100 – de todo jeito, é claramente maior que 10.243. O resto da sequência aparece naturalmente.

Número da sorte

1 8 + 17 = 25 **2** 3 × 8 = 24 **3** 2: 3 e 17 **4** 110

5 4: 3, 12, 21, 24.

Medo de altura – e de números

193

101 92

55 46 46

31 24 22 24

18 13 11 11 13

10 8 5 6 5 8

3 7 1 4 2 3 5

RESPOSTAS: LÓGICA E RACIOCÍNIO 2

Junte as formas

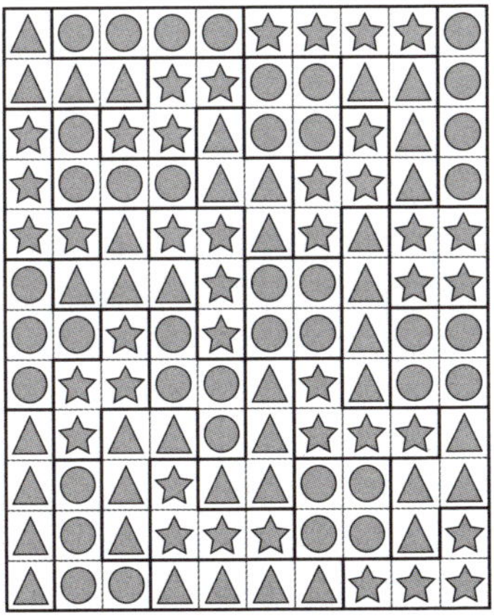

Na verdade, este jogo é muito fácil. É possível arrumar os círculos e as estrelas próximos aos triângulos da parte de baixo à esquerda de apenas duas maneiras – uma está correta e a outra não. Mesmo que você use o método de tentativa e erro, não vai levar mais de um minuto para descobrir qual é a correta. Pode utilizar um símbolo para cada círculo ou estrela, digamos um "×", e escrevê-lo na tabela, alternando com os triângulos quando apropriado. Na parte de cima à direita, coloque os triângulos próximos aos círculos e o jogo estará resolvido. Se quiser, simplesmente volte ao jogo, trocando o "×" por estrelas e círculos quando for adequado. De todo jeito, o segredo é começar próximo a uma das formas conhecidas.

Dê a volta

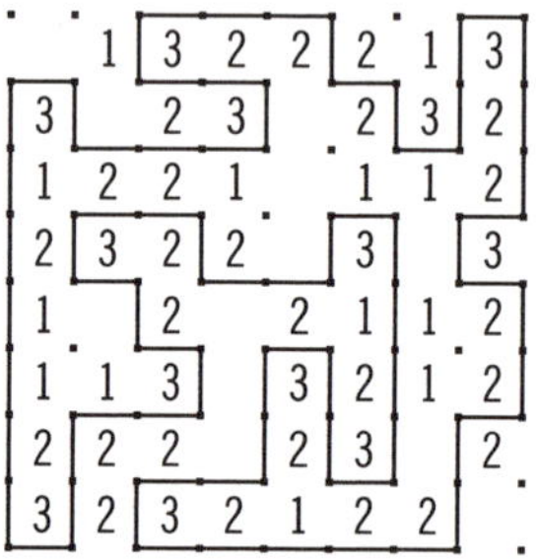

Fácil como o ABC

	C			A	C	
	C		B	A		
B		B	A	C		C
	A			B	C	C
	B	C			A	
A		A	C		B	
	B			B		

Pense bem

1a Não está provado. Pode ser apenas sorte.

1b Também não está provado. A moeda pode ter uma "cara" dos dois lados – e, de qualquer maneira, a definição de "sorte" depende das circunstâncias.

(As duas opções são possíveis, mas nenhuma foi provada.)

2a Não está provado. Estou à sombra, portanto não tenho sombra.

2b Está provado, não importa em que lugar da Terra você esteja.

Pomar

Junho	Cerejas	Geraldo
Julho	Morangos	Astolfo
Agosto	Framboesas	Márcio
Setembro	Maçãs	Augusto
Outubro	Laranjas	Antônio

INTERLÚDIO
UMA HISTÓRIA ENIGMÁTICA

Os jogos de passatempo são publicados todos os dias em jornais e revistas do mundo todo, e existem cada vez mais tipos e variedades. Na verdade, eles vêm fascinando as pessoas há milhares de anos.

DECIFRA-ME

Os jogos de adivinha aparecem no Livro dos Juízes – parte da Bíblia dos Hebreus e do Velho Testamento cristão que data de pelo menos 1000 a.C. Os filósofos gregos também propunham jogos de enigmas elaborados, incluindo o conhecidíssimo Enigma da Esfinge da peça *Oedipus Tyrannus*, de Sófocles, que foi encenada pela primeira vez em cerca de 430 a.C.

Os enigmas eram baseados na lógica e nas palavras, com exemplos muitas vezes retirados dos escritos antigos, como este enigma da antiga poesia inglesa do primeiro milênio: "Qual ladrão digere na escuridão as palavras e as edificações dos homens e mesmo assim permanece sem adquirir sabedoria?". A resposta é o rato de biblioteca – os enigmas utilizam duplo sentido, como "na escuridão" se referindo à escuridão real e à ignorância.

A PROCURA PELO LAZER

Mais recentemente, nos últimos séculos, a sociedade se tornou industrializada e cada vez maior, gerando um aumento do tempo de lazer, o que levou as pessoas a se dedicar mais a passatempos e curiosidades. Há brinquedos e jogos como blocos de montar mecânicos, mas, com o aumento da alfabetização e o barateamento da impressão, os jogos também começaram a fazer parte de revistas e jornais.

O autor Lewis Carroll, que escreveu *Alice no País das Maravilhas* e cujo verdadeiro nome era Charles Lutwidge Dodgson, era fascinado pelas diversas maneiras como era possível manipular palavras e números. Ele utilizava jogos de figuras nas cartas que escrevia, substituindo palavras ou sílabas por imagens que, com uma interpretação adequada, podiam ser pronunciadas da mesma forma. Algo parecido com o sistema de escrita dos hieróglifos do Egito antigo, cujos jogos de figuras foram populares no século 18, quando as classes letradas as incluíam em suas missivas. Carroll também inventou, ou pelo menos popularizou, as escadas de palavras (ver página 68) e propôs um jogo de palavras com títulos de letras móveis, parecido com o Scrabble™. Foi professor de matemática da Universidade de Oxford, portanto não é surpreendente que tenha inventado uma ampla gama de jogos de matemática imaginativos.

DOS QUADRADOS DE LETRAS ÀS PALAVRAS CRUZADAS

Com o avanço das técnicas de impressão, os jogos de passatempo com *design* mais elaborado começaram a ficar mais desenvolvidos. Os jogos para inserir letras em uma tabela de quadrados existem há séculos, mas acredita-se que as palavras cruzadas tenham sido publicadas pela primeira vez por Arthur Wynne no jornal americano *New York World*, em 1913, sob o nome de Word-Cross. Em poucos anos, as palavras cruzadas começaram a se espalhar pelo mundo e na metade do século 20 já tinham seu lugar certo nos jornais diários de todo o planeta.

O *Sunday Express* introduziu as palavras cruzadas nos jornais do Reino Unido em 1924. Quando o *Times* de Londres finalmente cedeu à pressão dos leitores e criou suas próprias palavras cruzadas em 1930, apenas um mês depois o jornal se sentiu forçado a publicar palavras cruzadas em latim – com dicas e respostas na mesma língua – para satisfazer a alguns leitores, que tinham "até agora rechaçado a versão em inglês" para manter seu "rigoroso nível intelectual". Um edital profético de 1° de março de 1930 notou o perigo do vício psicológico da "alegria gradual e crescente de ver um quadrado branco após o outro ser bem preenchido" e até previu o desenvolvimento da ginástica cerebral, descrevendo as palavras cruzadas como um "exercício mental agradável", que fornece o "estímulo da sensação de inteligência".

PASSATEMPOS MODERNOS

O exemplo perfeito do passatempo moderno é o Sudoku. Apesar do nome japonês, que significa "número isolado", o Sudoku foi, na verdade, inventado nos Estados Unidos em 1979 pelo arquiteto Howard Garns. Com uma tabela, sem precisar de nenhum conhecimento prévio e fácil de ser completado (com a prática) em poucos minutos, o Sudoku é de fato um jogo igualitário, livre das amarras da sociedade, da educação e da língua. Apesar de sua origem, alcançou sucesso primeiro no Japão, pois sua natureza independente da língua o tornou uma alternativa atraente aos jogos com palavras em um país cujo alfabeto tem mais de mil letras. Sua popularidade ao redor do mundo começou quando foi publicado pelo *Times* de Londres em 2005 – e em algumas semanas estava em vários jornais de todos os continentes.

Outro exemplo é o Kakuro, que recebeu o nome no Japão, mas também foi inventado nos Estados Unidos. Essencialmente um jogo de palavras cruzadas com números e com as mesmas regras do Sudoku, é considerado o jogo mais popular no Japão. Outros passatempos variantes do Sudoku se tornaram igualmente populares por mérito próprio: o Killer Sudoku (igual ao Kakuro, mas usa a tabela do Sudoku) e o Futoshiki (um Sudoku que utiliza os símbolos "menos" ou "mais legal que" como pistas). Isso levou os editores japoneses a desenvolver uma variedade de jogos de lógica que não requerem o uso da língua, todos baseados no preenchimento de uma tabela com números, sombreados, linhas ou voltas, como no Slitherlink deste livro.

Com o desenvolvimento da tecnologia, o advento dos computadores mais baratos possibilitou que as pessoas façam passatempos de modo interativo em sites, introduzindo um aspecto social aos jogos, pois os jogadores comparam entre si o tempo que levam para resolver os problemas e os graus de dificuldade.

CAPÍTULO 5

HABILIDADES MENTAIS AVANÇADAS

Razão e tomada de decisão 96

O Sudoku e o desenvolvimento do cérebro 98

As palavras cruzadas e o desenvolvimento da inteligência 102

Como enfrentar os problemas 106

Os desafios da vida 108

Os jogos de passatempo são divertidos, mas não servem apenas como distração – é possível obter benefícios reais ao treinar a mente. Se “desconstruirmos” o processo pelo qual o cérebro resolve um Sudoku ou um jogo de palavras cruzadas, podemos nos surpreender com os diferentes tipos de pensamento envolvidos no processo. Muitas das habilidades desenvolvidas durante a solução de um passatempo serão úteis quando você precisar escrever um ensaio de qualidade, um argumento convincente em uma reunião ou compreender a lógica de determinado político. Se quiser ter bom desempenho em determinados passatempos, há vários livros e sites que ensinam técnicas especiais para solucioná-los – mas desenvolver sozinho os métodos talvez seja um teste definitivo para sua inteligência, e é muito mais recompensador!

Você também já deve ter notado que o cérebro parece funcionar melhor em algumas situações do que em outras. Este capítulo fornece dicas sobre como vencer qualquer obstáculo. Por fim, mostra como aplicar as capacidades mentais desenvolvidas em muitas áreas da vida cotidiana.

RAZÃO E TOMADA DE DECISÃO

Para aprender a usar o cérebro de maneira mais efetiva é preciso uma mistura de ciência e arte. Ao aplicar as habilidades vistas neste livro, você logo encontrará e compreenderá a essência de um problema, tornando-se apto a tomar decisões rapidamente e de forma mais acertada.

ESTRATÉGIAS PARA O SUCESSO

Tomar decisões na vida real normalmente exige várias habilidades: não apenas o pensamento lógico, mas também numérico e verbal, além de memória e habilidades criativas. Essa combinação de habilidades reflete a natureza interligada do cérebro, cuja criatividade está distribuída por todas as áreas.

O cérebro é capaz de inspirar-se de modo criativo – só é preciso deixá-lo fazer seu trabalho. O pensador do século 19 Henri Poincaré dividiu o processo criativo em quatro passos: preparação, incubação, iluminação e verificação. A preparação envolve a análise lógica e a divisão da tarefa em partes menores, como mostraremos nos jogos das próximas páginas. A incubação é a arte de deixar a parte inconsciente da mente trabalhar, conforme discutiremos nas páginas 106-7. Isso leva à iluminação – o maravilhoso momento em que dizemos "ahá!", quando o cérebro é recompensado pelos esforços empreendidos – e finalmente à verificação da solução.

Se a iluminação não aparecer na hora, dê-se um tempo. Aguente a frustração e não se pressione. Tente imaginar soluções bobas, faça suposições e veja a que conflitos elas levam ou então descreva o problema de maneira diferente – utilizando uma lógica formal, por exemplo.

Por fim, não esqueça a verificação. Confira sua resposta: se estiver errada, descubra por quê. Se estiver resolvendo um jogo cuja resposta for dada no final (como neste livro), veja por que essa resposta está correta. E, se a sua estiver certa, permita que seu cérebro se contente com isso.

UMA QUESTÃO DE LÓGICA

Expressar um problema usando a lógica formal é a maneira definitiva de chegar à sua essência. Isso pode parecer complexo, mas simplesmente implica a apresentação de um argumento como um grupo de proposições com símbolos para mostrar as relações entre elas. Para aprender como isso funciona, primeiro tente resolver o problema abaixo sem fazer nenhuma anotação nem ler a resposta:

Um céu vermelho à noite indica que o tempo estará seco na manhã seguinte, mas só fará calor na manhã seguinte se o céu estiver vermelho à noite com a presença de um vento oriundo do oeste. Quando o tempo estiver seco na manhã seguinte, entretanto, não terá havido um vento do oeste na noite anterior. Se o céu estiver vermelho hoje, fará calor amanhã?

Podemos reescrever o problema nomeando cada proposição com uma letra:
A = "céu vermelho à noite" B = "tempo seco amanhã"
C = "vento do oeste" D = "calor amanhã"

Agora, utilizando —> para indicar "implica", podemos escrever:
A —> B D —> A & C B —> não C

Assim, a pergunta fica: "Se A, qual é a situação de D?".
Podemos acompanhar uma sequência de implicações lógicas e verificar se:
A —> B —> não C
Assim, D não pode ser verdadeiro, caso contrário A e C seriam falsos. Portanto, a resposta é "Não, não fará calor amanhã".

O SUDOKU E O DESENVOLVIMENTO DO CÉREBRO

O Sudoku é um jogo de pura lógica que não requer nenhum tipo de conhecimento do mundo, de determinada língua nem de habilidades matemáticas. Ele prova como, ao aplicar o pensamento lógico passo a passo, é possível transformar um problema intimidante em um exercício agradável.

OBJETIVO DO JOGO

No Sudoku, você deve inserir cada número de 1 a 9 em todas as fileiras, colunas e linhas em negrito de 3 × 3 de uma tabela de 9 × 9. Apesar dessa premissa simples, o jogo é bastante complexo.

Vejamos uma tabela como exemplo:

				5				
			8		7			
	3	1		☆		8	6	
8				3				5
		3				7		⬡
2				4				8
	2	7		☆		6	4	
			1		2			
				9				

TRACE UM PLANO

A primeira coisa a considerar é que os números não têm valor real. Você pode usar nove cores no lugar de números, por exemplo, tornando mais fácil descobrir padrões.

Façamos algumas observações iniciais:

- Você deve inserir todos os números de 1 a 9 em cada fileira, coluna e quadrado de 3×3, mas só poderá usar cada número uma única vez em todas as áreas. Essa observação é essencial: sem isso, você não conseguirá fazer as eliminações dedutivas necessárias para progredir no jogo. Em qualquer jogo ou tarefa, é importante definir o ponto de partida de maneira precisa, assim você pode descobrir as implicações e requisitos necessários.
- Algumas fileiras e colunas têm mais números já inseridos que outras.
- Alguns números já inseridos aparecem mais vezes que outros.
- Fazer suposições não é uma boa estratégia – há 59 quadrados vazios, e as respostas possíveis para cada um variam de 1 a 9.

UMA SÉRIE DE ELIMINAÇÕES

Agora você precisa definir um ponto de partida. Uma boa estratégia é identificar partes do jogo que fornecem a maioria das informações. Lembre-se de que todos os quadrados estão restritos: só é possível inserir os números de 1 a 9. Procure as fileiras, colunas e quadrados que contenham mais números já inseridos. Neste caso, os quadrados com mais restrições, com menos entradas válidas possíveis, são os dois que contêm estrelas. Para entender o porquê, conte quantos números podem ser "vistos" desses quadrados. Como o jogo é simétrico, ao achar a solução de um quadrado com uma estrela você obterá mais dicas sobre o próximo – o quadrado simétrico oposto.

Cada quadrado solucionado traz informação sobre os quadrados vazios que sobram, além de possibilitar que se faça uma série de observações e eliminações sucessivas. Como cada passo é totalmente lógico, você pode confiar totalmente na solução resultante.

O PODER DOS PADRÕES

Nas três colunas mais à direita já temos dois 6, e podemos observar que o único lugar onde um 6 pode ser inserido na coluna que sobra é o quadrado marcado com um hexágono. Aplicando a mesma lógica, podemos procurar outras áreas onde um número específico tenha sido eliminado de todos os quadrados, menos de um.

Para resolver um Sudoku é preciso descobrir "padrões" que possam levar a conclusões lógicas, principalmente em momentos em que, de outro modo, fazer deduções seja mais fácil. Por exemplo, se uma área tiver apenas três quadrados vazios e dois deles só puderem ser preenchidos com os mesmos dois números, o terceiro quadrado só poderá ser preenchido com o número que sobrou. Também é importante notar que uma boa memória de trabalho é útil para resolver o jogo com muito mais rapidez, pois ela nos ajuda a lembrar quais números já vimos ou inserimos. Com a prática, um rápido olhar será suficiente para identificar quais números estão faltando em uma fileira, coluna ou quadrado.

RESTRINJA A BUSCA

A maioria dos problemas de lógica pode ser definida como uma busca por uma resposta – e requer saber como e o que procurar. O Sudoku é um bom exemplo disso. Você pode inserir cada número possível em todos os quadrados e depois apagar as entradas "erradas". Se de fato não conseguir progredir no jogo ou tiver uma quantidade limitada de números disponíveis, essa abordagem talvez seja até interessante, mas em geral resulta em um excesso de informações que dificulta ainda mais a descoberta dos dados que realmente importam. Esse é um método que utiliza a "força bruta", mais ou menos como um computador programado para resolver problemas. Mas nós não somos computadores: sabemos pensar.

Se inseríssemos todos os números possíveis na tabela do Sudoku dada como exemplo, descobriríamos que o 2 é o único número que pode ser inserido no quadrado contendo uma estrela, mas levaríamos muito mais tempo para encontrar a solução, além de o processo ser bem menos eficiente. Quando for procurar uma resposta, não insira todas as possibilidades aleatoriamente. Pare, pense e então se concentre para ver onde pode fazer mais progresso.

É possível utilizar esse processo no dia a dia também. Por exemplo, ao procurar um artigo na internet, defina primeiro o que está procurando, senão você acabará com um excesso de possibilidades. Do mesmo modo, quando estiver resolvendo um problema, estabeleça parâmetros o mais definidos possível para orientar sua busca pela resposta.

COMO O SUDOKU TONIFICA O CÉREBRO

Saber examinar e analisar rapidamente uma informação nos ajuda a desempenhar várias tarefas. O Sudoku:

- ensina a observar o que realmente está sendo pedido ou apresentado em um problema e nos ajuda a não ser enganados pela aparência – num primeiro momento, o Sudoku pode parecer um pesadelo da matemática, mas na verdade não é preciso ter nenhum conhecimento específico na área para resolvê-lo;
- ajuda a desenvolver o pensamento lógico e dedutivo;
- melhora a memória de trabalho e ajuda a mente a desenvolver a capacidade de manter e manipular a informação.

AS PALAVRAS CRUZADAS E O DESENVOLVIMENTO DA INTELIGÊNCIA

As palavras cruzadas são um exercício eficiente para a mente, beneficiando as habilidades verbais, de memória e de lógica. Também ajudam a enriquecer o vocabulário e aperfeiçoar a capacidade de pensar de maneira criativa.

UMA CORNUCÓPIA DE PALAVRAS CRUZADAS

Há muitos tipos de palavras cruzadas, cujo grau de dificuldade e tamanho varia, porém todas contêm uma tabela de quadrados (veja parte da tabela na página ao lado). Para solucioná-las, é necessário decifrar os enunciados ou dicas e inserir as respostas na horizontal (deitado) e na vertical (em pé). Muitos quadrados formam parte das respostas horizontais e verticais; uma palavra cruzada bem-feita tem vários quadrados, o que torna o preenchimento das respostas mais fácil. Nas dicas "diretas", geralmente a resposta é um sinônimo da dica. Algumas palavras cruzadas são "ambíguas": as respostas podem estar escondidas em alguma dica, incluir abreviações como "N" para "norte" ou palavras parecidas com a resposta ou ainda um anagrama de uma das dicas (nesse caso, o resto da dica "indica" o anagrama).

COMO COMEÇAR

Tente solucionar as dicas que revelam o máximo possível a respeito do resto do jogo. Concentre-se primeiro nas respostas mais longas, especialmente naquelas que fornecem a maioria das letras iniciais das outras respostas. Nas palavras cruzadas ambíguas, procure as dicas de anagramas, pois as respostas são mais precisas.

A maioria das palavras cruzadas fornece dicas relativamente fáceis de decifrar, por isso examine primeiro todas elas e depois se concentre em apenas algumas. Se não conseguir descobrir uma resposta, mude de dica. A parte inconsciente de sua mente vai cuidar de procurar a resposta para quando você voltar à pergunta mais tarde (veja a página 106). Você pode usar a mesma técnica quando for fazer um exame, por exemplo – analise o exame todo e concentre-se nas partes mais fáceis e nas mais difíceis. Cometer erros logo no início pode deter seu progresso – lembre-se de questionar suas premissas iniciais se não conseguir evoluir no jogo.

Esta resposta mais comprida no alto da tabela nos fornece as letras iniciais de outras quatro dicas
Palavras muito compridas ou curtas são mais distintas e podem ser mais fáceis de resolver
1 M
Á
2 R
M
3 O
4 R
E
6
7
8
10
11
12

COMO OBTER O MELHOR DA MEMÓRIA

O cérebro lista as palavras na ordem que costumamos usá-las, começando pela primeira letra – todos nós já tivemos a sensação de ter uma palavra "na ponta da língua", ou seja, conhecemos a palavra, mas só lembramos a primeira letra. É muito mais fácil resolver uma dica se soubermos qual é sua primeira letra. A última letra também é surpreendentemente importante. Leia isto: "Eu theno pucoa dicifudadle em cepmoredenr etsa fasre". Apesar de apenas a primeira e a última letra estarem na posição correta, a "fasre" é compreensível.

A compreensão de como listamos e recuperamos as palavras pode nos ajudar de outras maneiras. Quando resolve um anagrama, o cérebro pode enganá-lo ao escolher grupos de letras parecidos com "pedaços" de palavras, restringindo, assim, suas respostas. Os anagramas que formam palavras, como os das páginas 27 e 28, são especialmente enganosos. Para fugir desses padrões, misture as letras ao escrevê-las em um círculo ou aleatoriamente, assim você não vai se enganar com pares de palavras incompletas. O processo contrário também será útil se você tentar pensar usando a criatividade – os fragmentos de palavras e mesmo as letras isoladas podem desencadear várias ideias.

PENSAMENTO CRIATIVO

Geralmente, uma dica clássica contém significados iguais ou alternativos, que são uma boa maneira de testar as capacidades de pensamento. Muitas palavras têm vários significados, portanto procure considerar todas as possibilidades ao ler uma dica. A prática de resolver palavras cruzadas torna mais fácil identificar significados alternativos no futuro, especialmente se você conseguir solucioná-los. Uma vez que descobrir que "amoreira" pode ser "amor e ira" – dois sentimentos –, e não apenas uma planta, você se lembrará facilmente dessa interpretação da próxima vez. Você está preparando o cérebro para um tipo de evocação diferente.

Se concentrarmos a atenção em apenas um sentido possível, ficará difícil recuperar os sentidos alternativos de uma palavra. O cérebro não "deseja" que nos confundamos, por isso bloqueia as interpretações conflitantes. Para deixar a mente livre, tente ler uma dica em voz alta ou peça que a leiam para você – isso pode sugerir uma nova interpretação. A necessidade de pronunciá-la e ouvi-la o forçará a analisar novamente a dica e ativar o processo de evocação por meio de uma área diferente do cérebro.

COMO APLICAR A LÓGICA

Você talvez ache mais fácil decifrar as palavras especialmente curtas ou longas, pois há menos possibilidades de resposta. Em português, a maioria das palavras tem em média cinco letras, portanto deixe essas para depois.

Se você ainda não descobriu certas palavras, é possível que consiga decifrá-las parcialmente. Tente inserir vocábulos parecidos e veja se eles o ajudam a acessar a memória. Se você já inseriu determinadas letras, então onde deverão ficar as vogais? Talvez você consiga deduzir o prefixo e o sufixo de uma palavra, como SUPER ou DADE, nesse caso anote-os para ajudá-lo a desvendar outras palavras. A palavra está no singular ou no plural? Ela pertence a qual parte do discurso? É um sinônimo, um nome ou um lugar? Use a lógica dedutiva para restringir suas opções.

COMO AS PALAVRAS CRUZADAS TONIFICAM O CÉREBRO

As palavras cruzadas são ótimas para ajudar a desenvolver o vocabulário e a capacidade de compreensão. Também exercitam a memória e a capacidade dedutiva. Elas podem:

- ensiná-lo a dividir um problema em suas partes constituintes e a organizar um método de trabalho para solucioná-lo;
- ajudá-lo a desafiar as premissas de seu pensamento, assim você poderá identificar o que é fato e o que é apenas provável;
- ajudá-lo a desenvolver o pensamento lógico e dedutivo;
- treiná-lo a pensar com certo distanciamento para que surjam novas ideias;
- encorajá-lo a lembrar qualquer palavra ou fato novos ou significados alternativos de palavras graças ao desenvolvimento da concentração e sà recompensa de finalmente descobrir a resposta!

COMO ENFRENTAR OS PROBLEMAS

Não importa se estamos jogando palavras cruzadas ou enfrentando um problema do cotidiano, às vezes não conseguimos sair do lugar. Por sorte, há várias táticas para estimular o pensamento.

ATIVE O SUBCONSCIENTE

Já lhe aconteceu de fazer uma pausa e na volta conseguir resolver subitamente um problema complicado? Às vezes isso ocorre porque, ao fazermos um intervalo, esquecemos nossas pré-concepções e encontramos uma nova perspectiva. Nas demais ocasiões, porém, fica evidente que a mente inconsciente processou e organizou em silêncio nossos pensamentos.

Um jeito rápido de estimular o subconsciente é descrever o problema em voz alta. Explicar algo a nós mesmos ou a outra pessoa é um modo muito útil de encontrar as falhas nos argumentos. À medida que falamos, pensamos em novas ideias ou em possíveis soluções.

O SONO MÁGICO

O sono não é responsável apenas pelo descanso do corpo. Ele também é parte importante do processo de pensamento, pois permite que a mente subconsciente trabalhe (veja acima). Quando dormimos, em geral sonhamos, não importa se lembramos ou não dos sonhos. No sonho, o cérebro pratica o que vivenciamos durante o dia, aprendendo e arquivando os eventos ocorridos. Também pensamos enquanto sonhamos – na verdade, consumimos quase a mesma quantidade de energia de quando estamos acordados, pois o cérebro fica ocupado cuidando da "casa". Assim, da próxima vez que estiver tentando resolver um problema difícil, tenha uma boa noite de sono ou tire uma soneca rápida para que o cérebro o ajude a solucioná-lo.

QUANDO ERRAR NÃO É PROBLEMA

Para resolver certos problemas, é útil começar com um bom palpite, mesmo que mais tarde você descubra que está errado. Isso pode ajudá-lo a descobrir as implicações de várias decisões e, assim, diminuir suas escolhas, tornando mais fácil lidar com elas.

A suposição tem outra propriedade, quase mágica. Ela ajuda a acabar com o medo do "não sei o que fazer" que pode atingi-lo na hora de resolver uma tarefa desencorajadora ou difícil. Se um problema lhe causar dor de cabeça, é melhor tentar solucioná-lo logo. A experiência adquirida enquanto tomamos decisões aleatoriamente torna a tarefa mais fácil de lidar, e chegamos a suposições suficientes para avançar rumo à resposta correta.

Lembre-se de que não há nada de errado em errar – na verdade, essa é, provavelmente, a maneira mais rápida de aprender. Se você cair da bicicleta, vai se esforçar para não cometer o mesmo erro!

A SOLUÇÃO BOA O BASTANTE

Em muitos jogos, julgamos que só há uma resposta correta, portanto concentramos a lógica até encontrar essa resposta específica. Entretanto, em situações menos definidas, às vezes temos de aceitar que uma solução razoavelmente boa é o suficiente. Em diversas circunstâncias do cotidiano, como encontrar o caminho mais rápido para ir a vários lugares, não dispomos de tempo para definir um plano perfeito – talvez só precisemos de uma solução razoável. Mesmo que você comece com uma ideia não muito boa, o simples fato de começar lhe trará a experiência e a informação necessárias para refinar a ideia até chegar a uma melhor.

OS DESAFIOS DA VIDA

Aprendemos o tempo todo, e não apenas quando lemos um livro, resolvemos um passatempo ou assistimos a um documentário. Nossas atividades diárias são a base da boa forma mental. Podemos exercitar a mente ao procurar ativamente por ideias e experiências novas.

O BENEFÍCIO DA EXPERIÊNCIA

É possível encontrar maneiras de exercitar o cérebro todos os dias. Para começar, selecione uma atividade de sua rotina diária e tente realizá-la de modo diferente, assim você vai pensar sob uma nova perspectiva. Pegue um caminho alternativo para o trabalho ou compre um jornal diferente – faça algo que rompa seu padrão habitual. Encoraje-se a pensar fora da zona de conforto e seu cérebro se conectará a formas inovadoras de pensamento e de recuperação da memória.

Quanto mais você explorar o mundo, mais ampla será sua perspectiva e mais ideias terá à disposição. Viaje, assista a filmes estrangeiros e tente ler outros tipos de notícias – não apenas assuntos cotidianos, mas também sobre ciência e tecnologia, novas descobertas históricas e outros. Permita que as ideias de outras pessoas alimentem as suas.

Visite uma galeria de arte e verifique como os diferentes pintores usam os temas, formas, cores e até mesmo texturas para expressar sua visão de mundo. Observe os edifícios antigos de sua rua ou cidade. Escolha um equipamento que você use todos os dias, como o telefone celular, e procure entender como ele funciona. Tente misturar-se a pessoas que não frequentem seu círculo familiar ou de amizades.

COMO AUMENTAR A AUTOCONFIANÇA

Os hábitos mentais que desenvolvemos ao resolver determinados jogos podem de fato ser aplicados à vida, aumentando nossa autoconfiança e tornando-nos mais capazes de realizar as atividades em geral.

- Não perca tempo arrependendo-se dos erros. Se eles estiverem no passado, aprenda com eles e siga adiante. Se forem coisas que não fez, talvez você precise aprender a se arriscar mais no futuro.
- Tente evitar tomar decisões com base em hábitos ou premissas – pense primeiro, não depois.
- Busque novas perspectivas quando tiver um problema. Por exemplo, imagine como encontrar a pior saída em vez da melhor.
- Quando lidar com problemas sérios, dê ao cérebro uma chance de sair-se bem – faça um intervalo e realize atividades simples, como um passatempo fácil de solucionar.

FAÇA ISSO TODO DIA

Você está chegando ao fim deste livro, mas apenas ao começo do trabalho. Manter o cérebro em forma é uma tarefa muito demorada. Tente aplicar as dicas dadas aqui, assim continuará a expor o cérebro à novidade. Coloque-se à prova por meio de revistas de passatempo e comprometa-se a ler novos livros sempre. Além disso, continue pensando – questione tudo o que vir!

"Um homem, mesmo que seja inteligente, nunca deve ter vergonha de aprender mais..."

Sófocles (496 a.C.-406 a.C.)

CAPÍTULO 6

DESAFIOS DIFÍCEIS

Exercícios verbais 3 112

Exercícios visuais e espaciais 3 116

Exercícios numéricos 3 120

Exercícios de lógica e raciocínio 3 124

Exercícios para a memória 3 128

Respostas 131

Estes problemas mais complexos vão ajudá-lo a exercitar sua agilidade e resistência mental. Talvez você decida resolvê-los aos poucos, mas ficará muito satisfeito quando terminá-los.

Muitas das habilidades que você usará aqui poderão ser aplicadas em jogos como os de palavras cruzadas. Elas também podem trazer muitos benefícios para a vida cotidiana – por exemplo, as habilidades verbais e de lógica o ajudarão a preparar uma apresentação extraordinária no trabalho ou aumentarão o prazer de uma leitura de um clássico da literatura.

Por fim, depois de ter terminado o livro, talvez seja útil revisitar alguns ou todos os jogos de tempos em tempos, assim manterá suas habilidades afiadas.

EXERCÍCIOS VERBAIS 3

PENSAMENTO CRÍPTICO *(respostas na página 131)*

Você consegue resolver as seguintes dicas crípticas? O número de letras de cada resposta está entre parênteses.

1 Inverta Roma para ser feliz (4)
2 Toras quebradas formam roedores (5)
3 A primeira parte da Transamazônica une-se a um familiar – você consegue ver através dela (12)
4 Coloque o chá depois da bola para comer (7)

IRACEMA NA AMÉRICA *(respostas na página 131)*

Você consegue unir estas palavras em pares de anagramas (palavras com as mesmas letras, em ordem diferente)?

Orca	Casar	Selva	Rapto
Arte	Temor	Corpo	Grama
Urso	Meca	Morena	Escolar
Bardo	Cebola	Suor	Sapo
Morte	Parto	Ator	Cabelo
Romena	Porco	Caro	Tear
Magra	Calores	Sacar	Dobra
Velas	Após	Acém	Rota

QUEBRA-CÓDIGO *(resposta na página 132)*

Esta tabela parece um jogo de palavras cruzadas clássico, mas as letras do alfabeto foram trocadas pelos números de 1-24.

6	21	20	14	23	7	■	7	4	23	22	20	6
4	■	■	■	6	■	6	■	6	■	■	■	1
22	■	7	24	20	14	4	2	22	24	6	■	1
1	■	1	■	7	■	13	■	18	■	1	■	14
13	6	16	4	22	13	15	14	■	6	12	14	9
14	■	7	■	19	■	6	■	13	■	4	■	6
■	6	4	23	6	1	■	13	14	4	14	6	■
7	■	6	■	1	■	6	■	24	■	24	■	16
1	7	24	6	■	6	16	14	12	7	14	1	7
12	■	11	■	6	■	12	■	4	■	23	■	9
22	■	6	1	12	4	14	9	14	3	14	■	10
10	■	■	■	7	■	1	■	9	■	■	■	22
6	4	6	5	8	7	■	17	6	23	6	22	1

A B C D E F G H I J L M N O P Q R S T U V X Z

1	2	3	4	5	6	7	8	9	10	11	12	13
						E				Ç		C

14	15	16	17	18	19	20	21	22	23	24
		P								

HISTÓRIA FAMILIAR *(resposta na página 132)*

A tabela abaixo contém seis trios de palavras relacionadas. Você consegue descobrir cada grupo de três sinônimos?

Endireitar	Atenção	Transportar
Assistência	Ofuscar	Emocionante
Comovente	Farejar	Ocultar
Cheirar	Mudar	Ordenar
Arrumar	Tocante	Inalar
Obscurecer	Cuidado	Relocar

PROBLEMA EM DOSE DUPLA *(respostas na página 132)*

Selecione uma letra de cada par de letras abaixo e descubra qual palavra está escrita nas linhas seguintes.

1 OA OS SE TU AS RT VA DE IO RT
2 GH HI AE ST EO
3 DE EI OE ER EA ME EA
4 GR AR AL NB ED IP OU AS TI DV AS RD ET
5 EA MN EA EA RL OU BD IE CM IO

SABEDORIA CIFRADA *(resposta na página 132 e 133)*

Nesta citação cifrada, cada letra foi trocada por outra anterior ou posterior do alfabeto; depois do Z, continue com o A. Você consegue descobrir o segredo e decifrar a citação?

S qemsv tviqms uyi e zmhe sjivigi i, hi psrki, e stsvxyrmhehi hi xvefeplev qymxs iq epks uyi zeple e tire.

Xlishsvi Vsswizipx

DE A A Z *(resposta na página 133)*

Insira as letras de A a Z apenas uma vez nos quadrados vazios da tabela, assim cada série de quadrados brancos terá uma palavra em português.

A B C D E F G H I J K L M N O P Q R S T U V W X Y Z

	■	P	A	N				T	O	■	■	T
O		E	L	H		■	■	A		A	T	E
R	I	■		■	N	■	■	O		S	O	■
	■	C			T	E		■	T	■	■	
S	■	■	■	■	A	■	■	P	I		Z	A
H	■	■		R	S	O	■	■	N	■	■	D
I	■	■	■	■	T	A			A	R	■	I
R	A	T	O	■		■	A	■	D	■	■	V
E	R	■	L	■		O		C	O	R	D	A
■		■		■	O	■	T	■	■	■	I	■
	I	L	O	■	■		A	T	T	■	A	■
■	L	■	■	■	■	■	■	A	■	P	■	R
■	A	■	■		U	A	L	I	D	A	D	E

EXERCÍCIOS VISUAIS E ESPACIAIS 3

TRIÂNGULO *(resposta na página 133)*

Quantos triângulos, de todas as formas e tamanhos, você consegue identificar na figura ao lado?

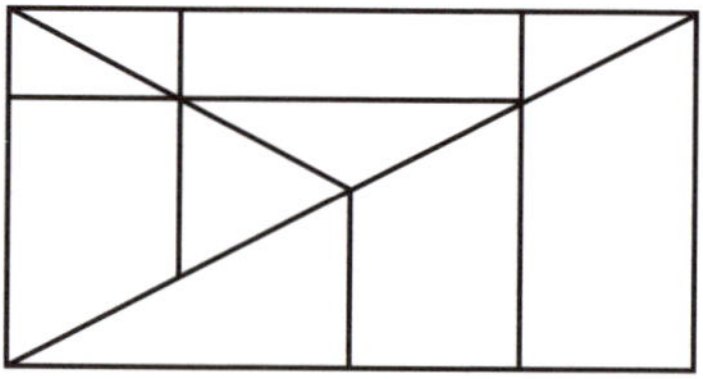

PALITOS DE FÓSFORO *(respostas na página 133)*

Catorze palitos de fósforo foram arrumados em uma mesa de maneira a formar a conta errada:

Tente mover ou retirar os palitos conforme as instruções abaixo, sem usar nenhum truque – apenas números comuns e contas básicas. Retorne os palitos para a posição inicial antes de passar à instrução seguinte.

1 Retire 3 palitos para formar uma conta correta.
2 Retire 1 palito e mova mais 1 para formar uma conta correta.
3 Retire 2 palitos para formar uma conta correta.
4 Mova 1 palito para formar uma conta correta.
5 Mova 2 palitos para formar uma conta correta.

SOBRE O REFLEXO *(resposta na página 134)*

Observe a imagem à esquerda. Você consegue desenhá-la à direita como se ela estivesse refletida verticalmente em um espelho?

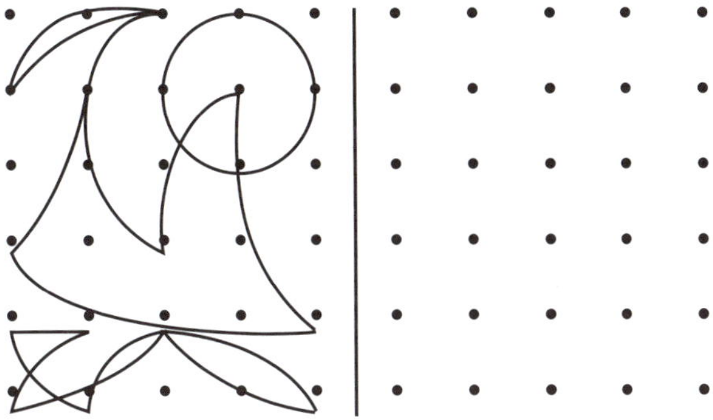

UM ÂNGULO DIFERENTE *(resposta na página 134)*

Tente desenhar a figura abaixo como se ela tivesse feito um giro de 90º em sentido anti-horário.

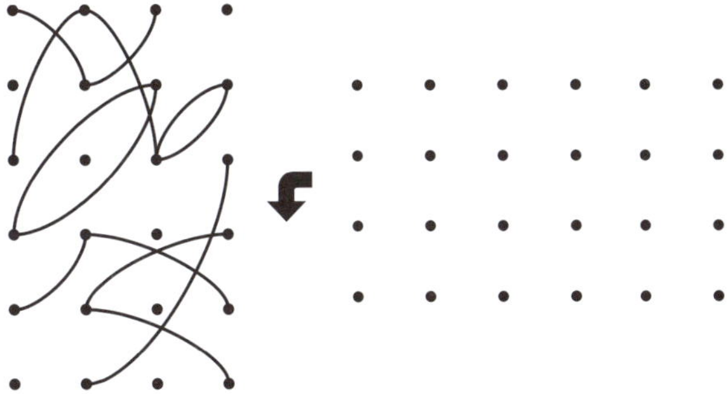

ZOOM *(respostas na página 134)*

Cinco pedaços da figura abaixo foram cortados, ampliados e girados de diferentes maneiras. Você consegue descobrir a que parte da figura pertencem os fragmentos abaixo?

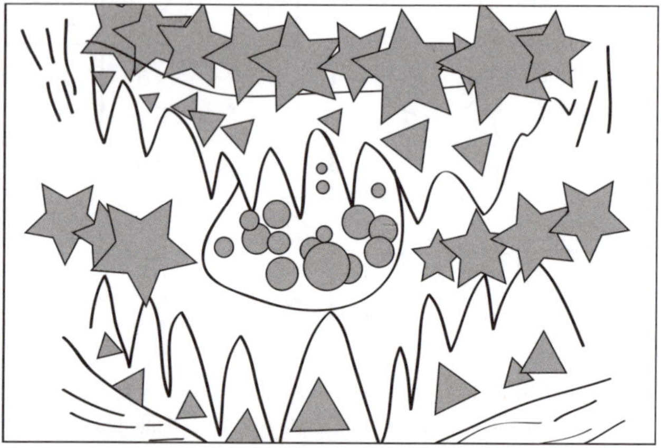

A

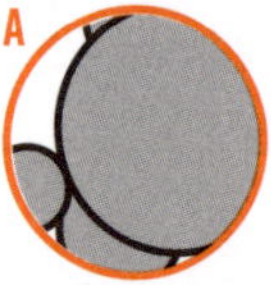

B

C

D

E

DOBRADURA PURA

(resposta na página 134)

Se você cortasse e dobrasse a forma ao lado seguindo as linhas, qual dos três cubos representaria a dobradura?

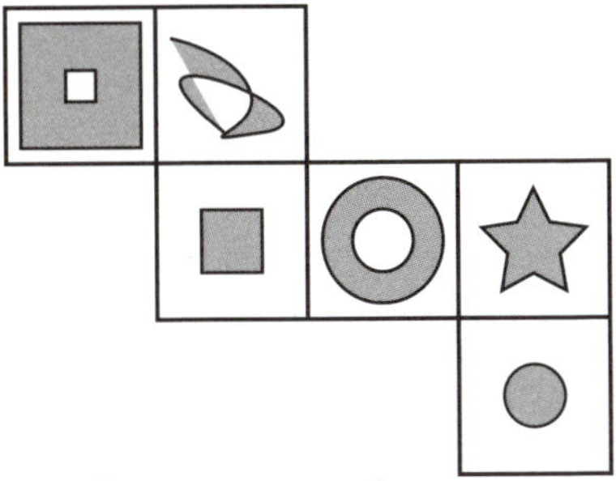

A B C

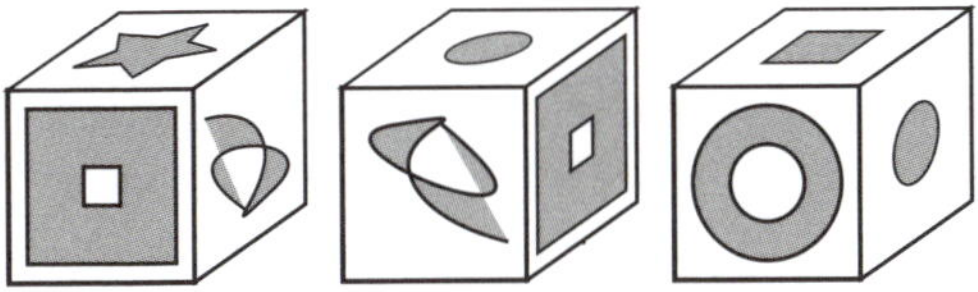

DIVIDA E CONQUISTE *(resposta na página 134)*

Você consegue subdividir o retângulo em quatro áreas separadas desenhando três linhas retas de modo que cada área contenha precisamente uma de cada figura? As linhas podem se tocar, mas não se cruzar.

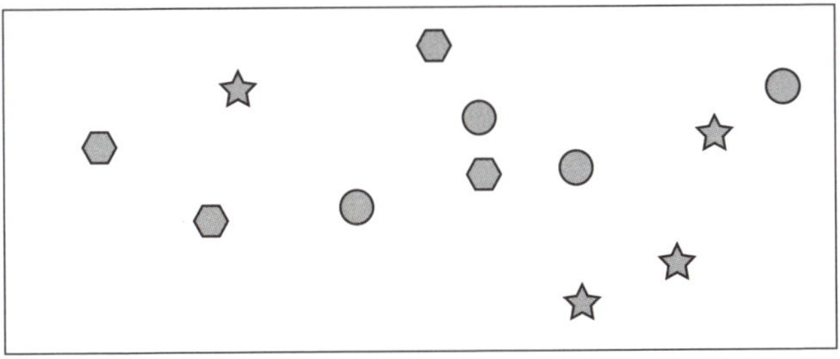

EXERCÍCIOS NUMÉRICOS 3

BARALHO *(respostas na página 135)*

Você ganhou um jogo de baralho com 52 cartas de quatro naipes. Cada naipe contém A, 2, 3, 4, 5, 6, 7, 8, 9, 10, J, Q, K. Você embaralhou e tirou estas 6 cartas viradas para cima:

1 Se você tirar outra carta, qual é a probabilidade de ela ser um 3?

2 Qual é a probabilidade de você tirar a décima sétima carta e descobrir que ela é um J, um Q ou um K? É maior ou menor que a probabilidade de tirar um 3, um 4 ou um 5?

Agora considere uma situação em que você tem as seis cartas acima viradas na mesa e recebe um novo grupo de 13 cartas contendo uma de cada valor. Em sequência, são elas: A, 2, 3, 4, 5, 6, 7, 8, 9, 10, J, Q, K.

3 Se você pegar duas cartas aleatoriamente desse novo grupo de 13, qual é a probabilidade de conseguir combiná-las com algumas das seis cartas acima para formar uma sequência de cinco cartas, como A, 2, 3, 4, 5?

4 De maneira geral, se você pegar duas cartas aleatoriamente do grupo de 13, qual é a probabilidade de combiná-las com as seis cartas acima para formar uma sequência de quatro ou cinco cartas consecutivas?

TRAGA A CONTA *(respostas na página 135)*

Nos grupos de equações abaixo, cada letra representa um número de 1 a 9. (Os números são diferentes em cada grupo.) Você consegue descobrir qual letra equivale a qual número e resolver a equação?

1	$3a + b = 9$	$b = 1 + a$
2	$ab = 40$	$a > b$
3	$ab = 20$	$bc = 30$
4	$2a + b = 7$	$ab = 3$

AJUSTE O QUADRADO *(resposta na página 136)*

Insira cada número de 1 a 9 nos nove quadrados vazios da tabela de modo que as contas na horizontal e na vertical estejam corretas. Você só pode usar cada número uma vez.

	×		×		=	30
×		+		×		
	×		+		=	10
×		+		+		
	−		+		=	8
=		=		=		
27		15		31		

SEQUENCIALMENTE *(respostas na página 136)*

Você consegue descobrir qual número aparece depois das seguintes sequências matemáticas?

1	3	7	13	21	31	___
99	88	78	69	61	54	___
2	3	5	8	13	21	___
1	2	2	4	8	32	___
34	45	56	67	78	89	___

CORRA *(respostas na página 136)*

Use sua capacidade de fazer estimativas para chegar o mais próximo possível dos valores pedidos. Depois você poderá verificar as respostas e ver como se saiu. (Ou use uma calculadora...)

1 45% de 9.975
2 Um terço de 747.747
3 17% de 61.234
4 $101 \times 98 \times 104$
5 $890 + 1120 - 570 + 445$
6 $35 \times (1.994 + 1.997 - 1.996)$
7 $9 \times 8 \times 7 \times 6 \times 11 \times 12 \times 13 \times 2$

FAÇA AS CONTAS *(respostas na página 137)*

Você consegue saber quantas letras e números há a seguir? Algumas somas podem ser simplificadas, por isso procure os atalhos!

1 Quantos múltiplos de 3 existem entre 20 e 50?
2 Há quantos números primos menores que 50?

3 Há quantos múltiplos de 3 ou 9 menores que 100?

4 Quantas vezes a letra "a" aparece quando escrevemos por extenso os números até 50?

5 E quantos "e" há nos números até 100 (desconsidere os que servem de conectivo, como em vinte <u>e</u> um)?

CONTAS CRUZADAS *(resposta na página 137)*

Tente fazer este Kakuro. Escreva um número de 1 a 9 em cada quadrado branco de forma que as sequências horizontais e verticais de quadrados somem o número dado à esquerda ou acima de cada sequência. As sequências não podem ter números repetidos.

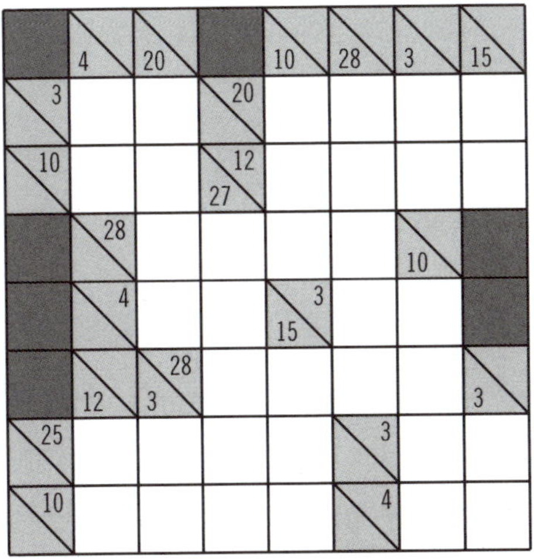

EXERCÍCIOS DE LÓGICA E RACIOCÍNIO 3

SUDOKU COM ÁREAS EXTRAS *(resposta na página 138)*

Este jogo de Sudoku tem uma característica diferente, que nos fornece mais dicas. Você pode inserir cada número de 1 a 9 em cada fileira, coluna e quadrado de linha sublinhada de 3 × 3, mas também inserir os números de 1 a 9 em cada um dos quatro quadrados sombreados de 3 × 3. (Talvez seja útil fazer pequenas anotações a lápis no canto dos quadrados para orientá-lo.)

2	9						6	3
6			3		1			7
	7			9			5	
	3			6			4	
4			2		3			9
1	5						7	6

LABIRINTO DE DEDOS *(respostas na página 138)*

Coloque os dedos indicadores (ou dois lápis) nas duas formas marcadas com um +. Agora tente deslizar cada dedo (ou lápis) alternadamente, de uma forma sombreada até outra, percorrendo uma linha com o símbolo da forma onde está o outro dedo. Você consegue mover os dois dedos em direção à mesma forma?

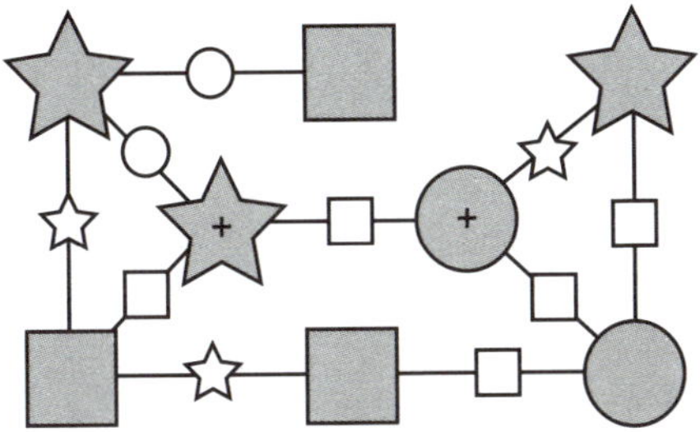

Depois de encontrar uma resposta, ache a segunda, em que você termine com os dois dedos (ou lápis) em formas diferentes.

QUAL PALAVRA NÃO PERTENCE AO GRUPO 3 *(respostas na página 138)*

Você consegue identificar a palavra que não pertence ao grupo em cada uma das listas abaixo?

Margarida	Móvel	Marinho
Hortência	Biografia	Celeste
Begônia	Piedade	Turquesa
Rosa	Folha	Rosa
Violeta	Estrada	Cobalto

TESOURO ESQUECIDO *(resposta nas páginas 138 e 139)*

Alguns hóspedes do Hotel Bem-Vindo não têm boa memória e deixaram alguns itens para trás. Você consegue descobrir qual funcionário encontrou cada objeto, quem é seu dono e em que lugar do quarto o objeto foi encontrado?

Funcionários: Davi Teodoro; Carlos Castanha; Jucélia de Jesus; Valéria Augusto; Mafalda Magalhães
Objetos encontrados: colar de diamantes; cartas de amor; medalha de ouro; maleta com estampa pontilhada; 10 mil dólares em dinheiro
Hóspedes: Alberta Torino; Júlia Jaboticaba; Casimiro Rodrigues; Renato Braga; Reginalda Márcia
Local: atrás das cortinas; na pia; no folheto do hotel; no cardápio do serviço de quarto do hotel; embaixo do travesseiro.

- O objeto encontrado por Davi não foi deixado pela mulher que deu entrada no hotel como Alberta Torino.
- Mafalda encontrou a medalha de ouro, mas ela não estava embaixo do travesseiro nem atrás das cortinas.
- O cardápio do serviço de quarto do hotel escondia várias cartas de amor.
- Não foi Carlos quem encontrou o folheto do hotel cheio de dinheiro, pertencente a Júlia Jaboticaba.
- O colar de diamantes de Reginalda Márcia não foi encontrado por Davi nem por Valéria, nem foram eles que encontraram os 10 mil dólares em dinheiro.
- Davi não encontrou o objeto que um homem deixou sem querer atrás das cortinas.

DÊ A VOLTA 2 *(resposta na página 139)*

Apresentamos outro Slitherlink para você tentar resolver. Use apenas a lógica para solucioná-lo. Como no outro jogo deste livro, há somente uma resposta possível. Vá até a página 77 para lembrar as instruções e ver o exemplo de como se joga.

	0		2		2		2		3		2
3			2	1			3	1		1	1
	2		1	1		1		0		3	
2		1		1		1		2		0	
2		2		3		3	2		2	3	
2	1			2		2		3		2	
		2		3		3		1		3	
3	1	2		1		1	2		2	3	1
2	1	2		1	1		3		1	2	2
	2		2		3		1		2		
	1		2		2		3			2	2
	3	3		1	3		2		3		2
	2		1		2		3		2		2
	2		1		3		1	2		2	
2	1		0	1			3	2			1
2		3		2		2		3		0	

EXERCÍCIOS PARA A MEMÓRIA 3

TABELA DE NÚMEROS

Observe a tabela de números seguinte por dois minutos. Depois cubra a tabela e escreva o máximo de números possível na grade vazia abaixo.

3	12	13	19	8
11	1	6	4	18
17	16	2	14	20
10	5	7	15	9

LISTA DE PALAVRAS

Observe a tabela abaixo por dois minutos, cubra-a e escreva o máximo de palavras possível na tabela vazia a seguir.

Pato	Árvore	Liquidificador	Mecanismo	Roxo
Melaço	Colher	Televisão	Piano	Noite
Rastreador	Cereal	Rosquinha	Macaco	Planeta

VAI ENCARAR?

Observe a lista de rostos pelo tempo que julgar necessário. Depois, cubra--os e tente desenhar os mesmos grupos de rosto nos círculos vazios abaixo.

ORDEM DAS PALAVRAS *(respostas na página 139)*

Há duas frases misturadas abaixo. Observe cada uma por um minuto e cubra-a. Tente lembrá-la usando as palavras em itálico para ajudá-lo.

é lugar ficar. gostaríamos nunca de mas A ir, de aonde solidão um

um A de aonde ficar. lugar nunca mas é ir, de gostaríamos solidão

jornalista uso é contemporâneo A estatísticas. das inadequado o marca de registrada um

registrada estatísticas. um uso de A o marca das contemporâneo inadequado é jornalista

Cubra as frases acima e tente colocá-las na ordem correta mentalmente.

FRASES DE MEMÓRIA

Observe as quatro frases sem sentido por dois minutos, cubra-as e tente lembrá-las literalmente. O início de cada frase está escrito abaixo para ajudá-lo.

- A interrogação é uma subjugação da imaginação da nação.
- A transparência é um grande jogo translúcido de uma luz extravagante.
- Os sonhos indispensáveis movem pensamentos através dos tempos movidos.
- Esse grande dispensário dos anos jaz enterrado em farrapos.

- A interrogação...
- A transparência...
- Os sonhos...
- Esse...

VISUALIZE (DUAS VEZES)

Observe a figura abaixo pelo tempo que julgar necessário e cubra-a depois. Tente reproduzir apenas as linhas retas, depois repita a operação com as linhas curvas.

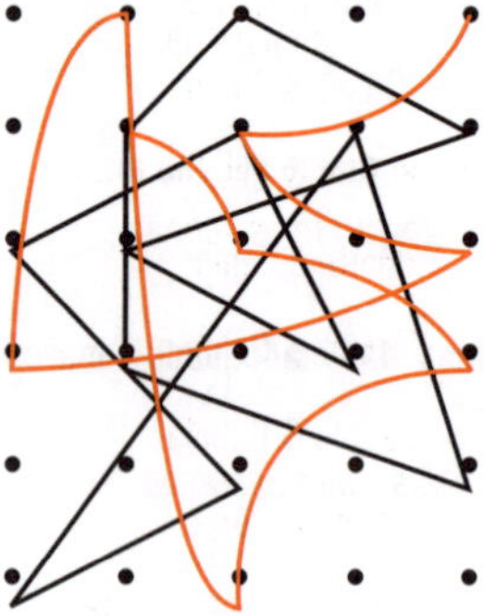

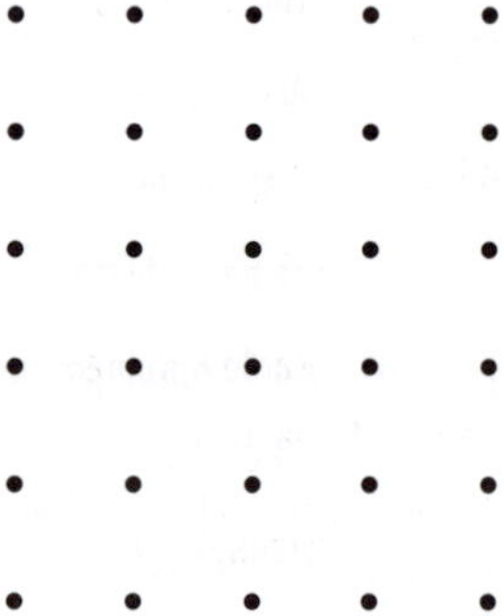

RESPOSTAS: VERBAIS 3

Pensamento críptico

1 **AMOR**: "Inverta Roma" indica que "Roma" deve ser escrita ao contrário para formar "amor", formando "amor para ser feliz".

2 **RATOS**: "Quebradas" é uma dica para mudar a ordem de "toras", formando "ratos", que são "roedores".

3 **TRANSPARENTE**: "A primeira parte da Transamazônica" significa que devemos dividir a palavra "Transamazônica" e usar a primeira parte, "trans", e uni-la a um "familiar", um "parente". O resultado é "transparente", algo que permite que vejamos "através dele".

4 **BOLACHA**: coloque o "chá depois da bola" indica que é preciso "colocar" a palavra "chá" depois de "bola", assim formaremos "bolacha para comer".

Iracema na América

Ator & Rota	Arte & Tear
Velas & Selva	Parto & Rapto
Acém & Meca	Casar & Sacar
Sapo & Após	Suor & Urso
Grama & Magra	Morte & Temor
Bardo & Dobra	Escolar & Calores
Orca & Caro	Cabelo & Cebola
Morena & Romena	Porco & Corpo

Quebra-código

6 A	21 B	20 D	14 O	23 M	7 E		7 E	4 R	23 M	22 I	20 D	6 A
4 R				6 A		6 A		6 A				1 S
22 I		7 E	24 N	20 D	14 O	4 R	2 F	22 I	24 N	6 A		1 S
1 S		1 S		7 E		13 C		18 Z		1 S		14 O
13 C	6 A	16 P	4 R	22 I	13 C	15 H	14 O		6 A	12 T	14 O	9 L
14 O		7 E		19 X		6 A		13 C		4 R		6 A
	6 A	4 R	23 M	6 A	1 S		13 C	14 O	4 R	14 O	6 A	
7 E		6 A		1 S		6 A		24 N		24 N		16 P
1 S	7 E	24 N	6 A		6 A	16 P	14 O	12 T	7 E	14 O	1 S	7 E
12 T		11 Ç		6 A		12 T		4 R		23 M		9 L
22 I		6 A	1 S	12 T	4 R	14 O	9 L	14 O	3 G	14 O		10 V
10 V				7 E		1 S		9 L				22 I
6 A	4 R	6 A	5 Q	8 U	7 E		17 J	6 A	23 M	6 A	22 I	1 S

1	2	3	4	5	6	7	8	9	10	11	12	13	14	15	16	17	18	19	20	21	22	23	24
S	F	G	R	Q	A	E	U	L	V	Ç	T	C	O	H	P	J	Z	X	D	B	I	M	N

História familiar

Endireitar, arrumar, ordenar
Transportar, relocar, mudar
Emocionante, tocante, comovente
Assistência, atenção, cuidado
Ofuscar, obscurecer, ocultar
Farejar, inalar, cheirar

Problema em dose dupla

1 ASSUSTADOR **2** HIATO **3** DIORAMA **4** GRANDIOSIDADE **5** ANAERÓBICO

Sabedoria cifrada

Para decifrar a frase, troque cada letra pela letra localizada quatro posições adiante no alfabeto – assim, por exemplo, substitua o A pelo E.

O maior prêmio que a vida oferece é, de longe, a oportunidade de trabalhar muito em algo que valha a pena.

Theodore Roosevelt

De A A Z

Y		P	A	N	F	L	E	T	O			T
O	V	E	L	H	A			A	B	A	T	E
R	I		T		N			O	S	S	O	
K		C	O	R	T	E	X		T			D
S					A			P	I	Z	Z	A
H			U	R	S	O			N			D
I					T	A	M	P	A	R		I
R	A	T	O		I		A		D			V
E	R		L		C	O	N	C	O	R	D	A
	G		H		O		T				I	
J	I	L	O			W	A	T	T		A	
	L							A		P		R
	A			Q	U	A	L	I	D	A	D	E

RESPOSTAS: VISUAIS E ESPACIAIS 3

Triângulo

Há 12 triângulos.

Palitos de fósforo

1 

4 

2 

5 

3 

Sobre o reflexo

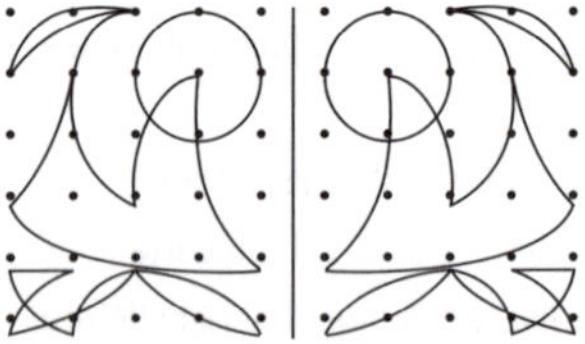

Um ângulo diferente

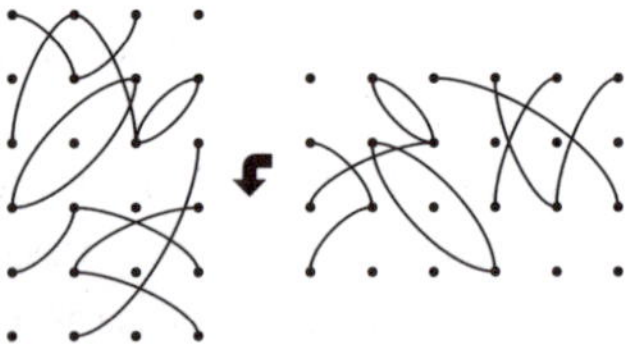

Zoom

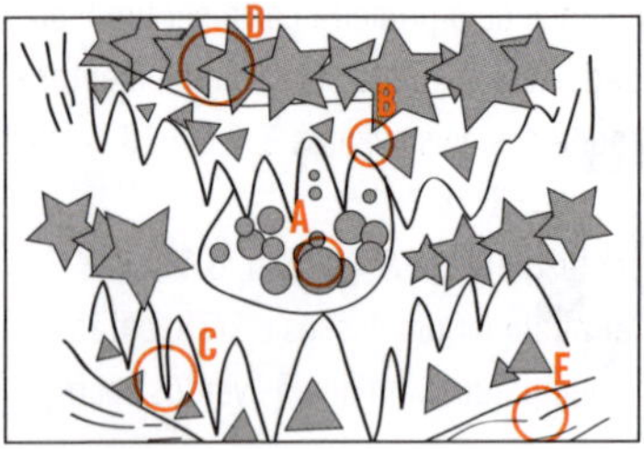

Dobradura pura

A resposta é o cubo A.

Divida e conquiste

Você pode resolver este jogo inserindo pequenos fragmentos de linha onde você saiba que certamente há uma linha, como entre duas formas idênticas. Depois será bem simples uni-las até encontrar a resposta:

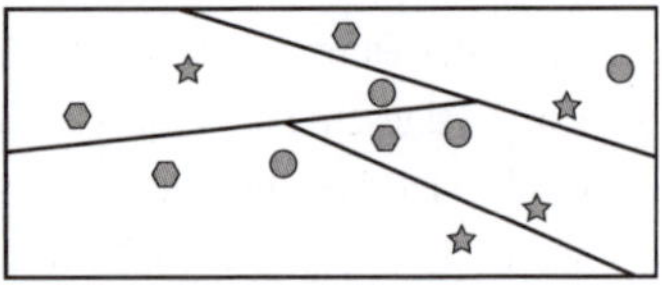

RESPOSTAS: NUMÉRICOS 3

Baralho

1 Sobram 2 nas 46 cartas que estão na mesa, então a probabilidade é 2/46, ou 1/23.

2 Há 10 cartas J, Q ou K no grupo de 46 cartas restantes, então a probabilidade de tirar uma dessas é 10/46, ou 5/23. Há 9 cartas 3, 4 e 5 para uma probabilidade de 9/46, por isso a probabilidade de tirar J, Q e K é maior.

3 Você precisa de um 9 e de um 10 para ter 8, 9, 10, J, Q (a única sequência possível). A probabilidade de a primeira carta ser um 9 ou um 10 é 2 em 13; a probabilidade de a segunda ser a complementar é, portanto, 1 em 12. A probabilidade dos dois eventos é: 2 em 13 vezes 1 em 12, ou $(2x1)/(12 \times 13) = 2/156 = 1/78$.

4 Você pode tirar qualquer um destes pares: 2 & 4, 4 & 6, 6 & 7, 9 & 10, 10 & K. A probabilidade de tirar qualquer um desses é 1/78, então a probabilidade total é a chance de qualquer um dos 5 eventos ocorrer, ou 5/78.

Traga a conta

1 Você pode resolver a conta substituindo uma equação por outra. Assim, $a = 2$, $b = 3$.

2 A única resposta para $ab = 40$ é 5×8; então, uma vez que $a > b$, a única solução possível é $a = 8$, $b = 5$.

3 A resposta para $ab = 20$ só pode ser 5×4, e para $BC = 30$, 5×6. O b e o 5 estão entre os dois, portanto $b = 5$, $a = 4$ e $c = 6$.

4 É possível resolver essa equação usando a substituição e a equação quadrada, mas é muito mais fácil supor que, se $ab = 3$, então a e b são 1 e 3. Para $2a + b = 7$ ser verdadeiro, é preciso ter $a = 3$ e $b = 1$.

Ajuste o quadrado

1	×	5	×	6	=	30
×		+		×		
3	×	2	+	4	=	10
×		+		+		
9	–	8	+	7	=	8
=		=		=		
27		15		31		

Sequencialmente

43: a diferença aumenta 2 vezes a cada vez.

48: a diferença diminui 1 vez a cada vez.

34: cada número é a soma dos dois números anteriores.

256: cada número é o produto dos dois números anteriores.

100: cada número é 11 vezes maior que o número anterior.

Corra

1 Cerca de 4.500 (precisamente 4.488.75).

2 Cerca de 250.000 (precisamente 249.249).

3 Cerca de 10.000: 17% é aproximadamente um sexto (precisamente 10.409,78).

4 Cerca de 1.000.000: arredonde cada número para 100 (precisamente 1.029.392).

5 Cerca de 2.000 (precisamente 1.885).

6 Cerca de 70.000: arredonde a conta entre parêntesis para 2.000 + 2.000 – 2.000 (= 2.000) e multiplique por 35 (precisamente 69.825).

7 Cerca de 10.000.000: arredonde cada número para próximo de 10 e ignore o 2 (precisamente 10.378.368).

Faça as contas

1 **10 múltiplos**: 21 (7 × 3) até 48 (16 × 3), portanto 10 múltiplos no total.

2 **15 primos**: 2, 3, 5, 7, 11, 13, 17, 19, 23, 29, 31, 37, 41, 43, 47.

3 **33 múltiplos**: podemos ignorar os múltiplos de 9, já que são todos múltiplos de 3. Eles começam com 3 (1 × 3) e vão até 99 (33 × 3).

4 **46 vezes**: De um a nove, o "a" aparece 1 vez (no quatro). De dez a dezenove, 1 vez (no catorze). De vinte a vinte e nove, mais 1 vez. De trinta a trinta e nove, 11 vezes. De quarenta a quarenta e nove, 21 vezes. Depois, de cinquenta a cinquenta e nove, o "a" aparece 11 vezes.

5 **144 vezes**: De um a nove, a letra "e" aparece 5 vezes. De dez a dezenove, 17 vezes. De vinte a vinte e nove, mais 14 vezes. De trinta a trinta e nove, 5 vezes. De quarenta a quarenta e nove, 14 vezes. De cinquenta a cinquenta e nove, mais 14 vezes. De sessenta a sessenta e nove, o "e" aparece 23 vezes. De setenta a setenta e nove, mais 23 vezes. De oitenta a oitenta e nove, 14 vezes. De noventa a cem, 15 vezes.

Contas cruzadas

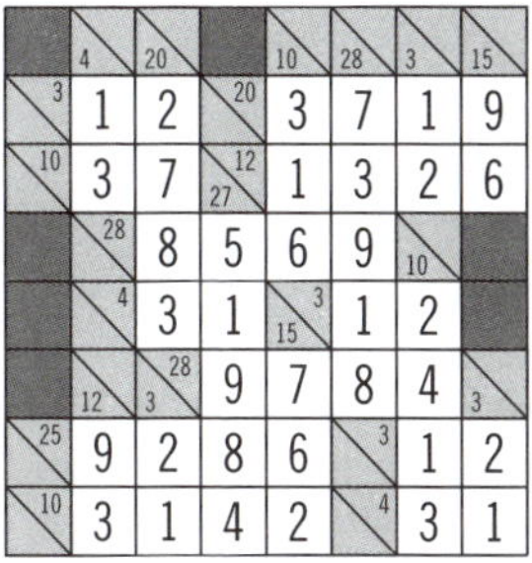

RESPOSTAS: DE LÓGICA E RACIOCÍNIO 3

Sudoku com áreas extras

2	9	8	7	4	5	1	6	3
6	4	5	3	2	1	9	8	7
3	7	1	8	9	6	2	5	4
5	2	6	9	1	4	7	3	8
9	1	3	6	7	8	4	2	5
7	8	4	5	3	2	6	9	1
8	3	9	1	6	7	5	4	2
4	6	7	2	5	3	8	1	9
1	5	2	4	8	9	3	7	6

Labirinto de dedos

Nomeie cada forma com letras de "a" até "h", começando do alto à esquerda e indo da esquerda à direita e de alto a baixo. Os dois caminhos mais curtos são os seguintes (cada dupla de letras representa a posição dos dois lápis):

de ae ac fc gc gh gg e **de ae ac fc fh ef df ff**

Qual palavra não pertence ao grupo 3

Begônia: todas as outras podem ser usadas como nome de mulheres.
Folha: todas as outras formam palavras quando acrescentado o prefixo "auto".
Rosa: todas as outras são tons de azul.

Tesouro esquecido

Valéria	Maleta	Renato Braga	Atrás das cortinas
Carlos	Colar de diamantes	Reginalda Márcia	Embaixo do travesseiro

Mafalda	Medalha de ouro	Alberta Torino	Na pia
Davi	Cartas de amor	Casimiro Rodrigues	No cardápio do serviço de quarto
Jucélia	10 mil dólares	Júlia Jaboticabal	No folheto do hotel

Dê a volta 2

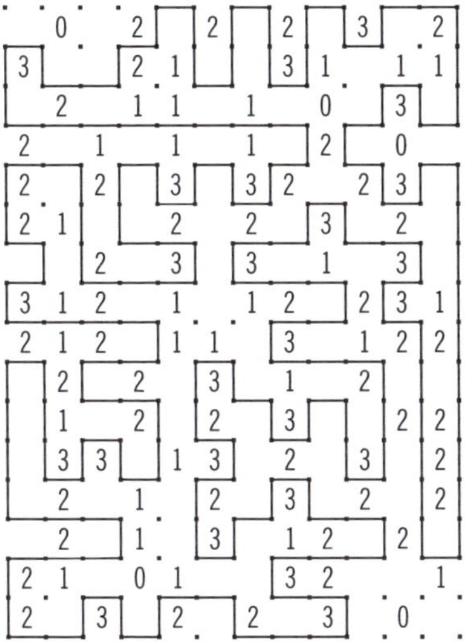

RESPOSTAS: EXERCÍCIOS PARA A MEMÓRIA 3

Ordem das palavras

A ordem correta das duas frases é:

A solidão é um lugar aonde gostaríamos de ir, mas nunca de ficar.

A marca registrada de um jornalista contemporâneo é o uso inadequado das estatísticas.

ÍNDICE

abstinência, sintomas de 19
agilidade mental 53, 59
álcool 19
alimentação, e funcionamento cerebral 18
anagramas, 27-28, 104, 112
anotações 26, 53
aprendizado
da linguagem 52-53
e o processo de envelhecimento 9
autoconfiança 109

baralho, jogo de 120
barreira sangue-cérebro 19
Bíblia, jogo de enigmas na 90
busca na internet
estratégias de 101

cafeína 19
Carroll, Lewis (Charles Lutwidge Dodgson) 91
células gliais 14-15
cerebelo 16-17
cérebro
áreas do 17
capacidade do, comparada com o computador 8, 9, 14, 101
células cerebrais 14-15
e envelhecimento 8, 9
estrutura 17
saúde e funcionamento 13, 18-19
velocidade e capacidade 14
circulação sanguínea 18
códigos 113
compreensão, jogos de 28-29
computadores
comparação com o cérebro 8, 14, 101
concentração 19, 23, 62
conhecimento geral 10, 29
consumo de energia pelo cérebro 18, 106
controle motor 17
conversas, escutar 23
córtex
auditivo 17
cerebral 16-17
sensorial 17
visual 17
crianças e desenvolvimento da linguagem 52-53
criptograma, jogos de 29, 113

dano cerebral 18
derrame 8
Descartes, René 40
desempenho de várias tarefas simultaneamente 9, 22-23
dicas crípticas 112
dieta e desempenho mental 18
dobradura em 3D 32, 119
Dodgson, Charles Lutwidge (Lewis Carroll) 91
doenças 19
ver também saúde
dominó, jogo de 39
drogas
e funcionamento cerebral 19
recreativas 19

Emerson, Ralph Waldo 2
emoções e memória 21, 63
enigmas 90
envelhecimento e função cerebral 9
Escada de palavras 68, 91
Esfinge, enigma da 90
estimativa de números 56, 57, 59, 74, 122
estimulantes artificiais 19

estresse 19
exercícios físicos 19
ver também treinamento físico

fadiga 18
figura, jogos com 91
foco
e funcionamento cerebral 18,22
e resolução de problemas 57, 104-105
Futoshiki 93

ganho de peso 19
Garns, Howard 92
Gauss, Carl Friedrich 11
generalizações 60
gramática 53

hipocampo 17
histórias, como lembrar as 63

imagens mentais
e memória 21
transformação das 54-55
instintos, superação dos 16, 57, 60-61

jogar moedas 56-58
jogos de passatempo
em jornais e revistas 90-93
no computador 93
jornais e revistas, jogos de 90-93

Kakuro 93
Killer Sudoku 93

labirinto, jogos de 72, 125
leitura 53, 67
"limpeza cerebral" 23
linguagem, aprendizado do 52-53
lobo
cerebral 17
frontal 17
parietal 17
occipital 17
temporal 17
lógica
dedutiva 99, 100, 101, 105
formal 96-97
lógica e raciocínio, exercícios de
Dê a volta 77
Dê a volta 2 127
Dedução 37
Dominó 39
Fácil como o ABC 77
Junte as formas 76
Labirinto de dedos 125
Lógica das cartas 40
Lógica evidente 38
Minissudoku 37
Pense bem 78
Pomar 78
Qual palavra não pertence ao grupo 3 125
Sudoku com áreas extras 124
Tesouro esquecido 126

memória 10, 15, 70
de curta duração 20-21, 62
de longa duração 17, 20, 62, 63
de procedimento 20
de trabalho 21, 23, 101
e emoções 21
e estrutura cerebral 17
implícita 20, 21
técnicas para desenvolver a 62-63
treinamento da 21
visual 54, 82
memória, exercícios para a
Formas em forma 80-81
Frases de memória 130
Lista de palavras 41, 128-129
Memória em pares 81
Memória visual 43, 82

Objetos perdidos 82
Ordem das palavras 79-80, 129
Quadro numérico 41
Qual palavra falta? 42
Sequências abstratas 44
Tabela de números 79, 128
Vai encarar? 129
Visualize (duas vezes) 130
mente subconsciente 10, 96, 106
moeda, jogar para cima 56-58

neurônios 14-15, 18, 22
nomes, lembrar 21, 63
numéricas, habilidades 10, 56-59
numéricos, exercícios
A essa hora amanhã 36
Agrupe os números 73
Ajuste o quadrado 121
Baralho 120
Corra 122
Contas cruzadas 123
Equilíbrio de forças 73
Faça as contas 122-123
Medo de altura 75
(Não) faça as contas 74
Número da sorte 74
Números maravilhosos 36
O tempo passa 35
Pensamento numérico 34-35
Problemas prováveis 35
Sequências numéricas 34
Sequencialmente 122
Traga a conta 121
números de telefone, lembrar 21
números, lembrar 21, 63
nutrientes e funcionamento cerebral 18

objetivo, estabelecer 23
observação, capacidade de 55
ômega-3, ácidos graxos e 18
orientação dos objetos 54-55
oxigênio 18, 19

padrão de reconhecimento
e associações 60
e resolução de problemas 79, 99, 100
palavras
compreensão das 52-53
significados alternativos 104, 105
vocabulário 27, 52-53, 105
palavras cruzadas 91-92, 95, 111, 112
estratégias para resolver 102-105
palavras, habilidades com as 53, 66
passatempos interativos (internet) 93
passatempo, jogos de 93
pensamento "com distanciamento" 105
pensamento consciente 8, 10, 16, 17, 20, 52
e desenvolvimento de várias tarefas simultaneamente 22-23
pensamento criativo 96-97, 104
pensamento lógico 60-61
e jogos de palavras cruzadas 105
e Sudoku 98-101
percepção espacial 54-55
Poincaré, Henri 96
pré-concepções instintivas 60
premissas, desafio das 103, 105, 109
probabilidade matemática 35, 58-59
progressão geométrica 30
provérbios, jogos de 66

raciocínio, capacidade de 16, 60, 96
rato de biblioteca,
antiga poesia inglesa e 90
redes nervosas 25
remédios 19
retroativo, raciocínio 60
resolução de problemas 10, 65, 106-107
respostas
boas o bastante 107
dos jogos 45-49, 83-89, 131-139
primitivas 16
verificação das 97
revistas e jornais, jogos de 90-93

saúde 13
ver também treinamento físico
Scrabble™ 91
sequências
abstratas 44
numéricas 34, 73
visuais 30
sinapses 14-16
sinônimos 28, 53, 104, 114
sistema digestivo 18
sistema visual 22
Slitherlink, jogos de 77, 93, 127
Sófocles 90, 109
sono 19, 106
substâncias químicas, e funcionamento cerebral 18-19
Sudoku 37, 92-93
técnicas para resolver 98-101
suposições 96, 107

tomada de decisão 60-61, 96-97, 107, 109
transformação, capacidade de 54-55, 59
treinamento físico 9, 18, 19
treinamento mental 9, 10-11, 13, 62
tronco cerebral 17

velocidade de reação, e envelhecimento 9
verbais, exercícios
Compreensão 28-29
Criptograma 29
De A a Z 115
Encontre a frase 66
Escolha a letra 27
Frases misturadas 27-28
História familiar 114
Iracema na América 112
Letras do espaço 66
Palavras quebradas 66-67
Pensamento críptico 112
Problema em dose dupla 114
Qual palavra não pertence ao grupo 1 29
Qual palavra não pertence ao grupo 2 67
Quebra-código 113
Sabedoria cifrada 114-115
Séries de sinônimos 28
Sobe-e-desce de palavras 68
Toda letra importa 67
Você me entendeu? 68
verbais, habilidades 111
visuais e espaciais, desenvolvimento das habilidades 54-55
visuais e espaciais, exercícios
Conte as formas 32, 70
De cabeça 33
Descubra a rotação 69
Descubra o reflexo 69
Diferenças de cabeça para baixo 71
Divida e conquiste 119
Dobre as formas 32
Dobradura pura 119
Formas maravilhosas 72
Palitos de fósforo 116
Reflexo 31
Rotação 31
Sequências visuais 30
Sobre o reflexo 117
Triângulo 116
Um ângulo diferente 117
Zoom 33, 118
visualização 30, 54-55
vocabulário 27, 52-53, 105

websites, jogos em 93, 95
Wynne, Arthur 92

zoom, imagens com 33, 118

LEITURA COMPLEMENTAR

Esta seleção inclui livros que fornecem informações para o cérebro e outros que dão dicas para desenvolver determinadas habilidades mentais.

ALDRIDGE, Susan; BENSON, Nigel C.; CARTER, Rita; et al. *Maximize o poder do seu cérebro.* Ed. Reader's Digest Brasil, 2004.

CURY, Augusto. *O código da inteligência – Guia de estudo.* Ed. Thomas Nelson Inc., 2008.

DAMÁSIO, António. *O mistério da consciência.* Ed. Companhia das Letras, 2000.

HERCULANO-HOUZEL, Suzana. *O cérebro nosso de cada dia.* Ed. Vieira e Lent, 2002.

GREEN, Cynthia R. *Memória turbinada.* Ed. Campus, 2000.

GREENFIELD, Susan A. *O cérebro humano.* Ed. Rocco, 2000.

KATZ, Lawrence C.; RUBIN, Manning. *Mantenha o seu cérebro vivo.* Ed. Sextante, 2005.

MCCRONE, John. *Como o cérebro funciona.* Ed. Publifolha, 2002.

PINKER, Steve. *Como a mente funciona.* Ed. Companhia das Letras, 2001.

Ratey, John J. *O cérebro – Um guia para o usuário.* Ed. Objetiva, 2002.

SITE DO AUTOR

Para acessar mais jogos do dr. Gareth Moore, visite o site www.puzzlemix.com (em inglês).

AGRADECIMENTOS

Muito obrigado a minha família pelos anos testando jogos de todos os tipos e variedades. Vocês são o testamento vivo do poder de manter o cérebro em forma! Agradeço também a todos da Duncan Baird, cujo trabalho árduo e atenção maravilhosa aos detalhes me ajudaram a fazer deste livro o que ele é.